Клеменс Бек
Гюнтер Шнайдер (фотографии)

Берлинские
магниты

Практичный спутник для путешествующих по городу

Jaron Verlag

Данная книга доступна на следующих языках:
Немецкий/Английский/Французский/Итальянский/Испанский/Русский

Иллюстрации
На передней обложке: Бранденбургские ворота
На странице 2: Внутри купола Рейхстага
На странице 6: Европа-центр и церковь Поминовения
На странице 127: фонтан Нептун перед телебашней
На задней обложке (сверху слева): здание Рейхстага, высотные дома на Потсдамской площади, памятник Бисмарку и колонна Победы на пл. Гроссер Штерн, часы мирового времени на пл. Александерплатц, Новая национальная галерея, Германский исторический музей

Первое издание 2013
© 2002–2013 Издательство Jaron Verlag GmbH, Берлин
(Название оригинального немецкого издания: «Highlights in Berlin. Der praktische Begleiter für Entdeckungstouren durch die Stadt»)
Все права защищены. Любая перепечатка из любой части книги возможна только с разрешения издательства. В частности, это относится к тиражированию, переводам, микрофильмированию, а также к переработке для электронных носителей.
www.jaron-verlag.de
Перевод: Беате Яспер-Воловников, Бохум
Карта (на странице 1): Матиас Фрах, Берлин
Транспортная схема (на странице 128): Берлинское транспортное предприятие
Оформление и верстка: Bauer + Möhring, Берлин, с использованием фотографий Гюнтера Шнайдера
Набор: Prill partners|producing, Берлин/Барселона
Литография: Bild1Druck GmbH, Берлин
Отпечатано и сброшюровано: типография Offizin Andersen Nexö Leipzig GmbH, Цвенкау

ISBN 978-3-89773-694-8
ISBN 978-3-89773-695-5 (5 экземпляров)

Берлинские магниты от Алекса до зоологического сада

Никакая другая европейская столица не является столь «молодой», как Берлин. Четверть века спустя после окончания разделения многомиллионного города он предстает уверенным в себе и ярким, с заново отстроенным центром. Дремлющий прежде, он превратился в пульсирующую столицу, и любим как никогда прежде. Любознательные туристы со всего мира съезжаются в мегаполис на Шпрее.

Тот, кто приедет в Берлин, не будет разочарован. Динамика, с которой развивается главный немецкий город, впечатляет. У него имеется смелость модернизироваться, не теряя при этом своей идентичности. И по всему свету у Берлина репутация либеральной и открытой столицы.

Количество точек притяжения здесь – просто необозримо. Они простираются от изысканной исторической архитектуры Унтер-ден-Линден до захватывающих дух новейших построек Еврейского музея или Ведомства канцлера в Правительственном квартале; от собрания сокровищ искусства единственного в своем роде Острова музеев до многогранного Форума культуры с его сверкающими храмами искусств современности; от бурлящих жизнью модных кварталов Митте и Пренцлауер-Берг до делового центра Сити Вест.

Для того, чтобы ваше посещение Берлина могло стать многообразным и в то же время расслабляющим событием, данный оригинальный путеводитель быстро и информативно объяснит вам, где расположены основные магниты главного германского города. В коротком тексте будет рассказано всё самое интересное об отдельных достопримечательностях. Многочисленные сочные фотографии помогут вам своей исключительной яркостью составить впечатление об особом очаровании метрополии на Шпрее. Адреса, сведения о времени работы и указания на возможности проезда, обширеный справочный раздел, схемы города и общественного транспорта, а также два указателя облегчат планирование вашего путешествия по Берлину.

Неповторимым образом книга показывает захватывающее сочетание старого и нового, характерного для Берлина. Новый квартал Потсдамской площади является настолько же типичным для этого города, как и разнообразные свидетельства его изменчивой истории. Берлин наполнен такими местами, в которых ход немецкой истории оставил свои заметные следы. Это относится к Бранденбургским воротам – бывшим воротам города, ставшим символом единства Германии, а также к тем уникальным постройкам времен Фридриха Великого, в которых отразились устремления Пруссии к науке и культуре, а кроме того – многочисленные замки в Берлине и в прусской резиденции, Потсдаме, в котором Фридрих создал подлинный шедевр мировой культуры – парк Сансуси.

В облике города можно увидеть и следы сорокалетнего разделения. Например, остатки Берлинской стены, ставшие мемориалом, расписанные как полотно, полное фантазии и тоски, или воссозданный пограничный пункт Чекпойнт Чарли. Это реликвии трагичной главы истории, имеющие большую ценность для тех людей, которые сами уже не могут помнить об эпохе разделения государства.

Берлин является и меккой для любителей ночной жизни и искателей развлечений. К излюбленным местам встреч ночных гуляк относятся Пренцлауер-Берг, Кройцберг, Митте, где можно перетекать из бара в бар и из кафе в кафе. Хакешер маркт также является для них притягательным пунктом. Традиционными стали посещения таких ниш альтернативной культуры, как Культурбрауерай.

А кто устал от суеты, может отдохнуть на живописном Павлиньем острове, или в расположенном в центре города оазисе – парке Тиргартен.

Яркое многообразие является характерной чертой Берлина. Чтобы вы не пропустили ни одного из самых примечательных, знаменитых или захватывающих точек города, мы создали эту книгу. Пусть она поможет вам открыть один из самых интересных городов мира!

Alexanderplatz
Александерплатц

Площадь Александерплатц является важным узловым пунктом и поэтому всегда очень оживлена. Оригинальные **часы мирового времени**, поставленные в 1969 г., служат излюбленным местом встреч. Эта площадь прославлена в художественной литературе: Альфред Дёблин увековечил ее в романе «Берлин, Александерплатц» (1929), представив сценой, на которой разыгрывается драма маленького человека. Несмотря на известность, площадь выглядит довольно скромно. После военных разрушений и в результате последующего восстановления она приобрела вид непривлекательной бетонной пустыни. Когда в 1966–72 гг. Александерплатц перестраивалась, чтобы стать центром столицы ГДР, и на одном ее краю поднялась → **телебашня**, площадь потеряла всякие человеческие пропорции.

Однако мало-помалу из кулисы социалистической архитектуры она снова стала превращаться в гармоничный городской район. Достоен особенного внимания универсальный магазин **Galeria Kaufhof**. Бывший самый крупный универмаг ГДР «Centrum Warenhaus» был перестроен архитектором Йозефом Паулем Кляйхусом в 2004–06 гг. и получил самый впечатляющий световой двор в Берлине. Перед входом расположен **фонтан Дружбы народов** (1969), у которого прохожие любят передохнуть.

С большим размахом сооружен и самый большой берлинский торговый центр «**Алекса**» на ул. Александерштрассе. Самые старые постройки на площади, дом **Александер** и дом **Беролина** архитектора Петера Беренса, относятся к 1929–32 гг., являясь свидетельствами раннего модерна.

▷ Станция (S и U) Alexanderplatz

Центр восточной части столицы: пл. Александерплатц с высотной гостиницей

Показывают часовые пояса мира почти уже полвека: часы мирового времени

Один из самых привлекательных торговых центров Берлина: Алекса

Старый универмаг в новом облике: Galeria Kaufhof и фонтан Дружбы народов

(Сверху по часовой стрелке)

Berliner Dom
Берлинский Домский собор

Любители церковной архитектуры обязательно должны побывать в Берлинском Домском (кафедральном) соборе, самой большой протестантской церкви Германии. Собор был возведен по планам Юлиуса Рашдорфа в 1894–1905 гг. на краю → **Острова музеев** как главный храм прусского протестантизма и как придворная церковь Гогенцоллернов. Богато украшенное сооружение из силезского гранита имело ранее высоту 114 метров с крестом. После серьезных разрушений во время Второй мировой войны оно было восстановлено в более скромных размерах. Своды куполов оформили проще, а высота их составляет всего 98 метров. В северной части собора снесли придел Денкмальскирхе. После реконструкции Домский собор потрясает своим пышным внутренним убранством, напоминающим скорее католические храмы. 6 июня 1993 г. возобновились богослужения. Можно посетить усыпальницу Гогенцоллернов с почти 100 надгробиями. Самые пышные гробницы, как, например, Великого курфюрста Фридриха Вильгельма и его жены Великой курфюрстины Доротеи расположены внутри церкви.

Сад **Люстгартен** перед Домским собором неоднократно менял свой вид в течение четырехсот лет. Современный облик восходит к планам Карла Фридриха Шинкеля 1828–32 гг., фонтан современный. Парк раньше относился к территории **Берлинского Городского дворца**, фасад которого восстанавливается рядом с Домским собором.

Am Lustgarten
Пн.–сб. с 9 до 20 часов, вс. с 12 до 20 часов
Тел. 20 26 91 64; www.berlinerdom.de
▷ Станция (U) Hackescher Markt, автобус 100, 200

Прусский блеск: Берлинский Домский собор и мост Шлоссбрюке, построенный Шинкелем

Блеск вильгельмских времен: досконально реставрированные интерьеры храма

Вид с купола собора: Люстгартен

Зовет охладиться в летний день: фонтан в Люстгартене

(Сверху по часовой стрелке)

Brandenburger Tor
Бранденбургские ворота

Самому известному берлинскому символу – Бранденбургским воротам – более 220 лет. После войны до 1989 г. они были символом разделения Берлина и Германии, а сегодня – стали национальным символом единства. Единственные сохранившиеся городские ворота Берлина соединяют исторический центр с → **Тиргартеном**. Построенные в 1789–91 гг. архитектором Карлом Готтгардом Лангхансом по образу Афинских Пропилеев, они являются первым известным сооружением Классицизма в Берлине. Этот архитектурный стиль настолько преобладал в Берлине, что город получил наименование «Афин-на-Шпрее».

Фасад ворот из эльбского известняка был выкрашен раньше в белый цвет. Его убранство выполнено Йоганном Готфридом Шадов, который создал и шестиметровую квадригу, венчающую сооружение. Едущая в колеснице богиня Мира после победы Пруссии и ее союзников над Наполеоном в 1814 г. получила выполненный Карлом Фридрихом Шинкелем Железный крест и, таким образом, стала богиней Победы – Викторией. Во время Второй мировой войны Бранденбургские ворота сильно пострадали, квадрига была полностью разбита. В 1956 г. ворота реставрировали, а квадригу заново отлили по оригинальным формам в 1958 г.

После начала сооружения Берлинской стены 13 августа 1961 г. Бранденбургские ворота на → **Парижской площади** оказались недоступны «обычным смертным»: они стояли изолированно в запретной зоне границы ГДР. Только 22 декабря 1989 г. стена была проломлена и Восток и Запад воссоединились, это событие освещали все средства массовой информации.

▷ Станция (S и U) Brandenburger Tor

Венчает самые знаменитые ворота Берлина: квадрига с богиней Викторией

Символ немецкого единства: Бранденбургские ворота

Старые вояки: воссозданная всемирная история перед всемирно известным символом Берлина

Построенные в 1789–91 гг. ворота на запад: шедевр классицизма

(Сверху по часовой стрелке)

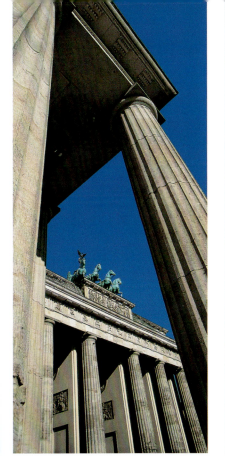

Checkpoint Charlie
Чекпойнт Чарли

Бывший пограничный пункт Чекпойнт Чарли на → **Фридрихштрассе** четверть века спустя после падения Берлинской стены 9 ноября 1989 г. относится к наиболее важным местам, напоминающим о разделении Берлина. Контрольно-пропускной пункт между бывшими секторами США (Кройцберг) и Советским Союзом (Митте) являлся горячей точкой «холодной войны».
С началом возведения стены 13 августа 1961 г. произошла эскалация конфликта, чуть не приведшая к началу войны, когда в октябре 1961 г. здесь, по обе стороны границы, стояли танки двух сверхдержав. Обо всем этом напоминает деревянный барак, обложенный мешками с песком – воссозданный в 2001 г. блокпост американской армии.
Установлен подлинный предупреждающий щит белого цвета с надписью «Вы выезжаете из американского сектора». На больших информационных стендах рассказывается об истории этого места и истории Берлинской стены. Специально уложенные на мостовой булыжники маркируют направление бывшей границы. В частном музее **Хаус у Чекпойнт Чарли** собраны интересные материалы по теме разделения Берлина и бегства людей на Запад.
В расстоянии двух кварталов от Чекпойнт Чарли на улице Циммерштрассе (в восточном направлении) установлен обелиск в память 18-летнего Петера Фехтера, застреленного гедеэровскими пограничниками при попытке бегства в 1962 году.

Хаус у Чекпойнт Чарли
Friedrichstraße 43–45
Ежедневно с 9 до 22 часов
Тел. 253 72 50; www.mauermuseum.de

▷ Станция (U) Kochstraße

Популярный у туристов со всего мира: музей на историческом пограничном пункте

Здесь собраны свидетельства разделения Берлина: Хаус у Чекпойнт Чарли

Горячая точка «холодной войны»: воссозданный блокпост американской армии

Экспозиция под открытым небом: история фатальных лет разделения Востока и Запада

(Сверху по часовой стрелке)

Кройцберг 15

Dorotheenstädtischer Friedhof
Кладбище в Доротеенштадте

Каждый крупный город имеет кладбище, на котором покоятся его знаменитые дочери и сыновья. В Берлине на кладбище в Доротеенштадте (Шоссештрассе) надгробия и могильные плиты читаются как страницы «Who is Who» в немецкой интеллектуальной элите.

На устроенном в 1762 г. и не один раз расширенном до 1826 г. кладбище похоронены, например, философы Георг Вильгельм Фридрих Гегель и Йоганн Готлиб Фихте, писатели Генрих Манн, Бертольт Брехт, Йоганнес Роберт Бехер, Арнольд Цвейг, Анна Зегерс и Криста Вольф, драматург Хайнер Мюллер, зодчие Фридрих Август Штюлер и Карл Фридрих Шинкель, художник Джон Хартфилд, актриса Хелене Вайгель и издатель Эрнст Теодор Литфас. Также свой последний покой обрел здесь президент ФРГ Йоганнес Рау.

Прогуливаясь по кладбищу, вы увидите многочисленные выдающиеся скульптурные надгробия. Самый старый классицистский надгробный памятник 1807 г. был поставлен фабриканту Якобу Фрёлиху. Бюст промышленника Августа Борзига выполнен Кристианом Даниэлем Раухом. Около входа на кладбище расположен мемориальный музей Б. Брехта **Брехт-Хаус**.

Chausseestraße 126
Ежедневно с 8 часов утра до наступления сумерек

Мемориал Брехта-Вайгель
Chausseestraße 125
Посещение только с экскурсией
Тел. 200 57 18 44; www.adk.de

<Станция (U) Oranienburger Tor

Производит очень сильное впечатление: усыпальница семьи фабриканта Хофманн

Скромно: надгробная стела драматурга Хайнера Мюллера

Высоко художественно: надгробие знаменитого зодчего Карла Фридриха Шинкеля

Жили прямо около кладбища: творческая чета Брехта и Вайгель

(Сверху по часовой стрелке)

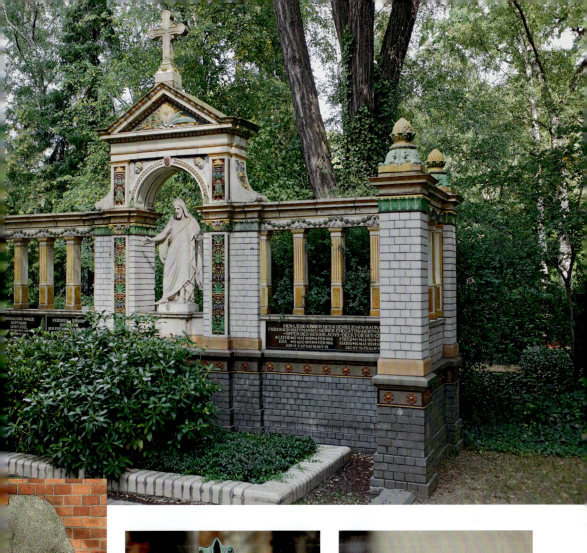

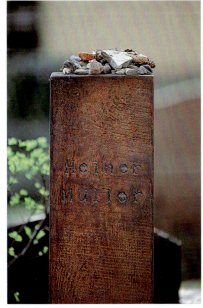

East-Side-Gallery
East-Side-Gallery

Самый длинный монумент в честь примирения и мира в Берлине – East-Side-Gallery. Когда в 1990 г. разделение города кончилось, многочисленные художники со всего мира раскрасили 1,3- километровую стену вдоль ул. Мюленштрассе. Пестрое скопление политических и поэтических росписей в своем роде уникально.

Выхлопные газы автомобилей и вандализм людей оставили, к сожалению, свои ощутимые следы на East-Side-Gallery. Но побледневшие мотивы были обновлены художниками в 2009 г.

Эта часть стены между → **Обербаумбрюке** и Восточным вокзалом с возникшими спонтанно произведениями искусства охраняется сейчас как памятник культуры. И по сей день она является свидетельством надежд и безмерной радости, которые повсюду ощущались в Берлине после падения стены. Странным образом единственные сохранившиеся следы настенной росписи расположены на территории бывшей ГДР, хотя во времена разделения разрисовывать стену возможно было только с западной стороны. Когда-то эта монолитная стена сейчас прерывается на одном участке, чтобы освободить проход к реке. Напротив расположен самый крупный в Берлине многофункциональный комплекс **Arena am Ostbahnhof**.

Ул. Мюленштрассе между мостом Обербаумбрюке и Восточным вокзалом

▷ Станция (S) Ostbahnhof, станция (S и U) Warschauer Straße

Сбывшаяся мечта: на Трабби на Запад

Искусство метр за метром: East-Side-Gallery на ул. Мюленштрассе

Обновлена в 2009 году: нарисованная надежда мира

Самый крупный в Берлине многофункциональный комплекс: Arena am Ostbahnhof, известный также как O_2-World

Искусство на продажу: сувенирная лавка у East-Side-Gallery

(Сверху по часовой стрелке)

Фридрихсхайн

Fernsehturm
Телебашня

В том, что в крупных городах расположены телевизионные башни, нет ничего особенного. Но примечательным для Берлина является то, что это техническое сооружение стоит в самом центре города. 368-метровой высоты телебашня на западной стороне → **Александерплатц** – самая высокая точка Берлина и приметно обозначает середину столицы. Проект великана создали архитекторы Хензельман и Штрайтпарт.
После войны старинный квартал между пл. **Шлоссплатц** и Александерплатц лежал в руинах. Но вместо чего-то мелкого в коммунистическом Восточном Берлине правительство ГДР задумало возвести большой современный центр. Воздвигнутая в 1965–69 гг., «гордость Ульбрихта» призвана была означать политико-экономическое преимущество коммунистической власти.
До сих пор это сооружение относится к самым высоким в Европе. Сегодня туристы со всего мира стремятся подняться на семиэтажный шар, на высоту 203 метра, где расположены смотровая площадка и ресторан, вращающийся вокруг оси башни, и насладиться открывающимся отсюда прекрасным видом.

Март–окт. ежедневно с 9 до 24 часов, ноябрь–фев. с 10 до 24 часов
Тел. 247 57 58 75; www.tv-turm.de
▷ Станция (S и U) Alexanderplatz

Символ Берлина: телебашня

Совершает два оборота в час вокруг оси башни: шар с рестораном на высоте

Между Домским собором, ратушей и вокзалом Александерплатц: самое высокое сооружение города

(Сверху по часовой стрелке)

Friedrichstraße
Фридрихштрассе

Проходящая прямой линией с севера на юг ось в центре Берлина пережила после падения стены невероятное возрождение. По бесчисленным проектам здесь, между → **Чекпойнт Чарли** и **вокзалом Фридрихштрассе**, возникла совершенно новая торговая улица.

Сердцем ее являются «**Фридрихштадт Пассаж**» с французским универсальным магазином «**Галери Лафайет**» (на углу ул. Французише штрассе), спроектированным Жаном Нувелем, «**Квартал 206**» архитектора Генри Н. Кобб с изысканными дорогими бутиками, и «**Квартал 205**», творение Освальда Матиаса Унгерса.

Когда-то Фридрихштрассе имела славу улицы развлечений. И сейчас традиция варьете и гламурных ревю продолжает жить в **Адмиралпаласе** и **Фридрихштадтпаласе**, расположенных на севере от вокзала. К ведущим театрам принадлежит «**Берлинер ансамбль**» на ул. Шифбауердам, где творил драматург Бертольт Брехт (1898–1956).

Открытый в 1882 г., вокзал Фридрихштрассе во времена разделения Берлина играл невеселую роль. В 1963–90 гг. этот оживленный узловой пункт являлся границей между ГДР и Западным Берлином. Сегодня об этом напоминает экспозиция в бывшем пограничном павильоне из стекла, прозванном «**Дворец слёз**».

«Галери Лафайет»
Friedrichstraße 76–78
www.galerieslafayette.de

▷ Станция метро (U) Stadtmitte

«Дворец слёз»
Reichstagufer 17
Вт.–пт. с 9 до 19 часов, сб.–вс. с 10 до 18 часов
Тел. 46 77 77 90; www.hdg.de

▷ Станция (S и U) Friedrichstraße

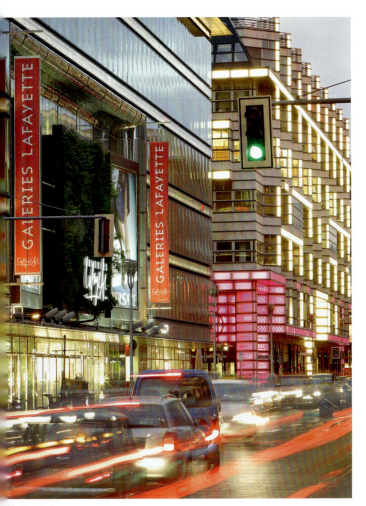

В блеске огней: французский магазин «Галери Лафайет» и «Квартал 206»

Храм развлечений со столетней историей: Адмиралпалас

Наимоднейшие товары люкс: дорогой бутик на ул. Фридрихштрассе

Между Шпрее и вокзалом Фридрихштрассе: современный офисный центр за выкрашенным в голубой цвет Дворцом слёз

(Сверху по часовой стрелке)

Friedrichswerder
Фридрихсвердер

Между → **Жандарменмаркт** и → **Островом музеев**, недалеко от улицы → **Унтер-ден-Линден** расположен один из самых старых кварталов Берлина. Основанный в середине XVII в., изуродованный во время войны и при перепланировке в XX в., Фридрихсвердер переживает свое возрождение.

Только построенная в 1824–30 гг. **Фридрихсвердерская церковь** вынесла все крутые повороты истории. Зодчий Карл Фридрих Шинкель спроектировал этот неоготический храм. Сейчас он превращен в музей классицистской скульптуры, в котором представлены произведения значительных берлинских скульпторов Рауха и Шадов. Здесь же можно найти информацию о жизни и творчестве Шинкеля. В честь этого архитектора, определившего целый стиль, была названа нарядная площадь **Шинкельплатц**. Напротив церкви находится **Министерство иностранных дел**. Оно расположено в огромном комплексе, старое здание которого служило в 1934–40 гг. имперским банком. Во времена ГДР в течение 30 лет оно являлось резиденцией СЕПГ. Как контраст монуметальным зданиям выглядят современные **таунхаусы**: узкие жилые дома, возвращающие обаяние старого города. Спокойная площадь **Хаусфогтайплатц** была до Второй мировой войны столичным центром моды. Самый старый разводной мост Берлина, **Юнгфернбрюке**, перекинутый через Шпрееканал в 1798 г., можно увидеть у Министерства иностранных дел.

Фридрихсвердерская церковь
Werderscher Markt
Ежедневно с 10 до 18 часов
Тел. 266 42 42 42; www.smb.museum
▷ Станция (U) Hausvogteiplatz

Современная архитектура в Фридрихсвердере: новые таунхаусы

Старое рядом с новым: Фридрихсвердерская церковь отражается в стенах министерства иностранных дел

Идиллически расположено на Шпрееканале: Министерство иностранных дел

В построенной Шинкелем церкви радуют глаз: произведения берлинских скульпторов

(Сверху по часовой стрелке)

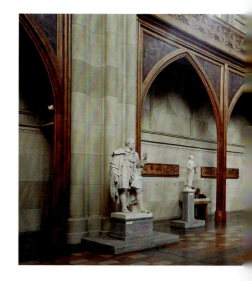

Gärten der Welt
Сады мира

Сады мира – зеленые насаждения на площади в 21 гектар, экзотическое и традиционное садовое искусство – являются оригинальной привлекательной точкой на востоке города. Внутри **парка отдыха Марцан** произрастают азиатские сады по типу, например, китайских, японских и корейских с растениями, привезенными из этих стран.

Китайский ареал здесь относится к самым большим в своем роде, из расположенных вне Китая. Полон символической силы японский сад, спроектированный жрецом дзэн. Специалисты из Марокко оформили Восточный сад в традиционном мавританском стиле, в геометрически строгих оазисах они разглядели образ рая. Еще одним кульминационным пунктом является Ренессансный сад, в котором впечатляющим образом отображены начала европейской садовой архитектуры. Христианский сад воссоздает традиционную монастырскую галерею: квадратную по форме территорию окружают золотистые стенки, составленные из букв – тексты из Библии и философские изречения.

В саду-лабиринте, состоящем из 1250 тисов, можно испытать свои способности в ориентировании.

Eisenacher Straße 99
Ежедневно с 9 часов до наступления сумерек
Тел. 700 90 66 99; www.gaerten-der-welt.de

▷ Станция (S) Marzahn, станция (U) Cottbusser Platz, далее автобусом 195

Италия в Марцане: Ренессансный сад
В парке отдыха: зеленый лабиринт
Новая интерпретация монастырской галереи: Христианский сад
Живописно расположен на озере: Китайский сад
(Сверху по часовой стрелке)

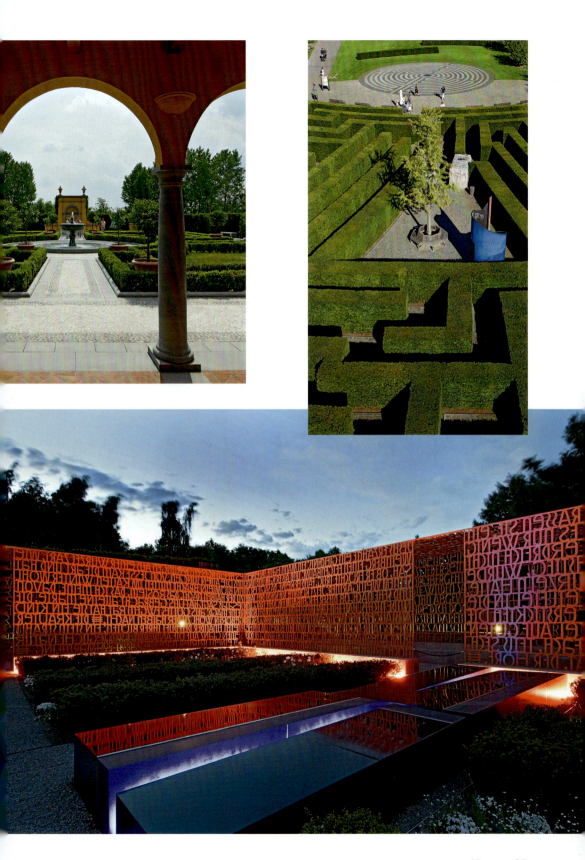

Gedächtniskirche
Церковь Поминовения

Площадь **Брайтшайдплатц** является самым оживленным местом Берлина, центром Сити Вест и началом → **Курфюрстендамм**. Уже более ста лет деловой квартал в Шарлоттенбурге определяет церковь Поминовения императора Вильгельма.
Она была построена в 1891–95 гг. по проекту Франца Швехтена. Храм из песчаника возвышался прежде на 113 метров и внутри был украшен мозаикой. После разрушения во время Второй мировой войны руину-колокольню сохранили как антивоенный памятник. В 1957–61 гг. к ней с двух сторон пристроили современные культовые сооружения – восьмиугольную церковь и шестиугольную колокольню, спроектированные Эгоном Айерманом. Витражи работы Габриэля Луара в бетонных стенах-сотах пропускают внутрь синий свет.
Возведенное в 1963–65 гг. архитекторами Хельмутом Хентрихом и Хубертом Печнигом 22-этажное здание **Европа-центр** неоднократно перестраивалось. Перед ним расположен **фонтан «Земной шар»** из красного гранита. В послевоенное время вдоль улицы Будапештер штрассе появился и так называемый **Бикини-Хаус**, который был полностью обновлен.
В 2012 г. в нескольких шагах от церкви Поминовения в высотном доме свой филиал открыл легендарный Нью-Йоркский отель **Вальдорф-Астория**.

Церковь Поминовения императора Вильгельма
Breitscheidplatz
Церковь: ежедневно с 9 до 19 часов
Руина-колокольня: пн.–суб. с 10 до 16 часов
www.gedaechtniskirche-berlin.de

▷ Станция (S и U) Zoologischer Garten

Напротив церкви: новый отель-люкс Вальдорф-Астория

Богослужения: современное здание церкви Эгона Айермана

Заметный символ Берлина: руина Церкви Поминовения

Перед зданием Европа-центр: фонтан «Земной шар» 1983 г.

(Сверху по часовой стрелке)

Шарлоттенбург 29

Gedenkstätte Berliner Mauer
Мемориал Берлинской стены

Мемориал Берлинской стены, напоминающий о разделении Берлина в 1961–89 гг., находится на ул. Бернауер штрассе. По этой улице проходила граница между западным и восточным секторами и на ней разыгрывались трагедии, связанные с бегством на Запад. Люди, оказавшиеся в восточном секторе, выпрыгивали из окон расположенных здесь домов, чтобы оказаться на Западе. На месте, где на протяжениии 28 лет возвышался барьер позора, сегодня расположена выставка под открытым небом, подробно освещающая те драматические события.

Между ул. Бруненштрассе и Северным вокзалом находится мемориал жертвам разделения Германии. Ржавые металлические стержни, высотой с бывшую бетонную стену, проходят вдоль прежней границы и отчетливо создают ощущение закрытости.

На ул. Акерштрассе расположен монумент – сохраненный подлинный кусок границы. Напротив находится **Документационный центр** с экспозицией и смотровой площадкой, с которой открывается вид на бывшую пограничную полосу.

Неподалеку возвышается **Часовня примирения**, построенная на месте взорванной гедеэровскими властями в 1985 г. церкви.

Информационный центр на Северном вокзале являетя исходным пунктом для туристов.

Документационный и Информационный центр
Bernauer Straße 111/119
Вт.–вс. с 9.30 до 18 часов, апр.–окт. до 19 часов
Тел. 467 98 66 66;
www.berliner-mauer-gedenkstaette.de

▷ Станция (U) Bernauer Straße, станция (S) Nordbahnhof

Памятное место со сторожевой вышкой на бывшей границе: Мемориал Берлинской стены

На месте взорванной Церкви примирения: Часовня примирения 1999 г.

Рядом с остатками стены: информационный центр на ул. Бернауер штрассе

(Сверху по часовой стрелке)

Kapelle der Versöhnung

Gendarmenmarkt
Жандарменмаркт

Жандарменмаркт принадлежит к самым красивым площадям Европы. Уникален ансамбль Драматического театра и двух купольных зданий по его сторонам. Когда-то стоявшие здесь две маленькие церкви в 1780–85 гг. были перестроены Карлом фон Гонтардом и расширены репрезентативными пристройками. **Немецкий собор** после войны был восстановлен в несколько упрощенном виде и здесь расположена сегодня выставка об истории парламентаризма в Германии. Во **Французском соборе** на северной стороне площади находится Музей гугенотов, рассказывающий об их значении для Берлина. Подвергавшееся преследованиям во Франции, это религиозное общество было принято здесь с распростертыми объятиями в 1685 г. Вскоре каждый пятый житель города на Шпрее говорил по-французски. **Драматический театр** (используется сегодня как концертный дом) возведен в 1818–21 гг. и считается главным созданием прусского архитектора Карла Фридриха Шинкеля (1781–41). В 1871 г. был поставлен памятник Ф. Шиллеру.

С обратной стороны театра, на ул. Шарлоттенштрассе, находится известный ресторан **Lutter & Wegner**. Когда-то, сидя в этом двухсотлетнем заведении, два его завсегдатая, писатель Э.Т.А. Гофман и актер Людвиг Девриен, придумали немецкое слово для игристого вина: Sekt.

Немецкий собор
Gendarmenmarkt 1
Вт.–вс. с 10 до 18 часов, май–сент. до 19 часов
Тел. 22 73 04 31; www.bundestag.de

Музей гугенотов
Gendarmenmarkt 5
Вт.–сб. с 12 до 17 часов, вс. с 11 до 17 часов
Тел. 229 17 60; www.franzoesischer-dom.de

▷ Станция (U) Stadtmitte

Используется как концертный зал: драматический театр, построенный Шинкелем

Перед Немецким собором: Памятник Шиллеру Рейнгольда Бегаса

Самая красивая площадь в столице: Жандарменмаркт с драматическим театром и соборами времен Фридриха Великого

(Сверху по часовой стрелке)

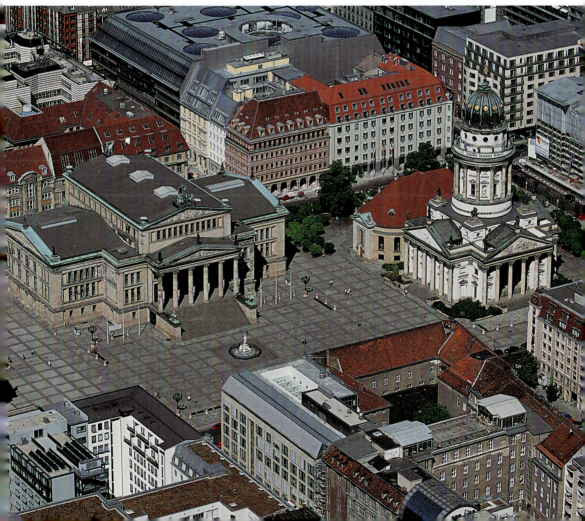

Hackescher Markt
Хакешер маркт

К излюбленным туристическим целям в Берлине принадлежит Хакешер маркт. Это место, где раньше стояли ворота к Шпандауеровскому предместью, старейшему району города, сегодня как магнит притягивает фланирующих и ищущих развлечений людей. Площадь оживлена до глубокой ночи.
Основной точкой здесь являются **Хакские дворы**. Анфилада восьми внутренних дворов была создана в 1906 г. по проекту архитектора Курта Берндта. Смесь ресторанов, кинотеатров, клубов, варьете, книжных и сувенирных лавок, магазинов модной одежды и жилых апартаментов – уникальна. Достоин внимания фасад в стиле модерн архитектора Августа Энделя в первом дворе. По соседству находятся еще и другие интересные дворы.
Пройдя сквозь Хакские дворы, вы попадаете на ул. **Софиенштрассе** с ее необыкновенно красивыми домами. **Софийская церковь** (вход со стороны Гроссе Гамбургер штрассе) располагает единственной оставшейся в Берлине барочной колокольней (построена в 1732–34 гг.) высотой 69 метров.
Примером креативного духа Шпандауеровского

Хакские дворы
Rosenthaler Straße 40/41
www.hackesche-hoefe.com

Дворы Софи-Гипс
Sophienstraße 21
Тел. 28 49 91 20; www.sammlung-hoffmann.de

Софийская церковь
Große Hamburger Straße 29
Май–сент. ср. с 15 до 18 часов, сб. до 17 часов
www.sophien.de

▷ Станция (S) Hackescher Markt, станция (U) Weinmeisterstraße

Свидетель истории на ул. Софиенштрассе: портал берлинских ремесленников
Привлекательная точка в старом Берлине: Хакешер маркт
Неофициальное искусство: Стрит-арт в соседнем доме Хакских дворов
С большой любовью отреставриравн: фасад в стиле модерн в Хакских дворах
(Сверху по часовой стрелке)

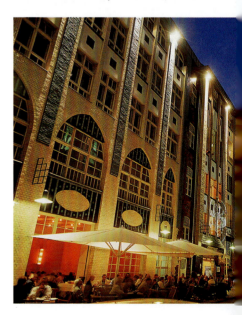

Mitte 35

предместья можно считать **дворы Софи-Гипс**, которые меценаты Эрика и Рольф Хофман оформили световыми инсталляциями, причудливыми растениями и росписями. Девиз «Искусство вместо коммерции» доминирует также и на ул. **Аугустштрассе** с ее многочисленными художественными галереями, как, например, Kunst-Werke.

Очень успешные на мировом рынке молодые берлинские кутюрье представляют свои творения на ул. Альте и Нойе Шёнхаузер штрассе, а также на ул. Мюнцштрассе.

Станция городской электрички **Хакешер маркт** относится к старейшим и красивейшим сохранившимся вокзалам берлинской городской железной дороги, сооруженной в 1875–82 гг. Рядом с этой игрушкой из кирпича и терракоты на площади **Литфасплатц** стоит современное здание, вполне гармонирующее со стариной.

В память изобретателя афишной тумбы: пл. Литфасплатц

Реликт кайзеровских времен на ул. Нойе Шёнхаузер штрассе: кафе Volkskaffeehaus

Суета перед старинным вокзалом: станция городской электрички Хакешер маркт

Многогранное искусство: галерея на ул. Аугустштрассе

(Сверху по часовой стрелке)

Hauptbahnhof
Главный вокзал

Этот вокзал, похожий на храм железнодорожного транспорта, уникален для Европы. Здесь на двух разных уровнях пересекаются две магистрали: линия восток-запад расположена на четыре этажа выше, чем линия север-юг. Смело решённая конструкция, разработанная архитектурной мастерской «Геркан и Марг с партнёрами», с момента своего открытия в мае 2006 г. стала городской достопримечательностью.
Неподалеку, на ул. Инвалиденштрассе, находится самый старый сохранившийся в Берлине вокзал – **Гамбургский**. Он был построен в 1846–47 гг., а сегодня является музеем искусства второй половины XX века. Здесь проходят выставки современных художников, например, Йозефа Бойса, Ансельма Кифера, «Новых диких» и Энди Уорхола. Световая инсталляция на классицистском главном фасаде выполнена Дэном Флавином.
Следующим расположенным неподалеку магнитом является **Музей естествознания**. Коллекция, собираемая более 200 лет, впечатляет не только самым крупным в мире скелетом динозавра, но и так называемым «мокрым собранием» – почти один миллион препаратов животных в банках.

Гамбургский вокзал – Музей современного искусства
Invalidenstraße 50/51
Вт.–вс. с 10 до 18 часов, сб. до 20 часов
Тел. 266 42 42 42; www.smb.museum

▷ Станция (S и U) Hauptbahnhof

Музей естествознания
Invalidenstraße 43
Вт.–пт. с 9.30 до 18 часов, сб.–вс. с 10 до 18 часов
Тел. 20 93 85 91; www.naturkundemuseum-berlin.de

▷ Станция (U) Naturkundemuseum

Современный храм: главный вокзал

Новейший вокзал Берлина: встреча экспресса ICE и берлинской электрички

Самый старый берлинский вокзал: Гамбургский вокзал превращен в художественный музей

Самый старый скелет: динозавр в Музее естествознания

(Сверху по часовой стрелке)

Holocaust-Mahnmal
Мемориал жертвам холокоста

В Берлине не забывают о том, что город с 1933 г. по 1945 г. являлся центром нацистского террора. В центре столицы Германии, неподалеку от → **Вильгельмштрассе**, где располагался очаг национал-социализма, откуда исходили приказы о чудовищных преступлениях, об истреблении шести миллионов евреев, в 2005 г. воздвигнут «Монумент погибшим евреям Европы», известный больше как Мемориал жертвам холокоста. Он расположен на юг от → **Бранденбургских ворот** и состоит из 2711 бетонных стел разной высоты, образующих собой неровные и непросматриваемые проходы, среди которых каждый день ходят 2000 посетителей.

Идя через мемориал, человек должен ощутить чувство неуверенности и угнетенности – такова идея нью-йоркского архитектора Петера Айзенмана, спроектировавшего монумент.

Об истории холокоста рассказывает так называемое «Место информации», расположенное под землей. Контрастом к абстрактному монументу является «Зал имен», где на стене проецируются даты жизни конкретных людей и одновременно по громкоговорителю называются их имена.

Неподалеку (на углу улиц Эбертштрассе и Леннештрассе) находится «Памятник гомосексуалистам – жертвам националсоциализма».

Монумент погибшим евреям Европы
Cora-Berliner-Straße 1
«Место информации»: апр.–сент. вт.–вс. с 10 до 20 часов, окт.–март до 19 часов
Тел. 263 94 30; www.holocaust-denkmal.de

▷ Станция (S и U) Brandenburger Tor

Под землей: «Место информации»

С высоты птичьего полета: огромное пространство бетонных стел Мемориала жертвам холокоста

На фоне зданий Потсдамской площади: 2711 стел напоминают о погибших евреях Европы

Отдельные судьбы жертв нацистской диктатуры: выставка о холокосте

(Сверху по часовой стрелке)

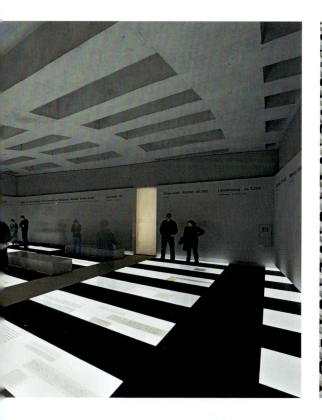
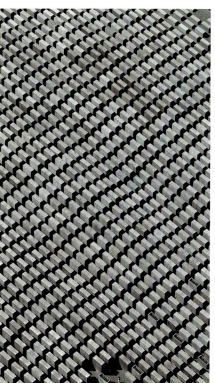

Jüdisches Museum
Еврейский музей

Еврейский музей входит в программу обязательного посещения туристами со всего мира не в последнюю очередь из-за уникальной экспрессивной архитектуры здания, спроектированного Даниэлем Либескиндом (1993–98 гг.). С помощью косых стен с острыми углами американский архитектор стремился передать посетителю физическое ощущение крушения еврейской жизни в Германии. Зигзагообразную планировку здания можно представить как разорванную звезду Давида.

Гениальным является расположение внутренних помещений. Нигде не просматривается ясная структура, полые бетонные колодцы перекрывают внутреннее пространство. Так называемые «войдс» говорят о жестоком уничтожении евреев во времена национал-социализма.

Современная концепция экспозиции, включающая многочисленные интерактивные элементы, представляет еврейскую историю с древнеримских времен до наших дней. Многочисленные экспонаты и картины объясняют как повседневную жизнь, так и особую роль еврейства в Германии. Частью музейного комплекса является редкое для Берлина барочное здание (1734–35) – бывший апелляционный суд, внутренний двор которого Либескинд покрыл экспрессивной стеклянной крышей, символизирующей шалаш-сукку.

В 2012 г. Либескинд перестроил бывший цветочный оптовый рынок, расположенный по другую сторону ул. Линденштрассе, теперь здесь находится **академия Еврейского музея**.

Lindenstraße 9–14
Ежедневно с 10 до 20 часов, пн. до 22 часов
Тел. 25 99 33 00; www.jmberlin.de

▷ Станция (U) Kochstraße или Hallesches Tor

Зигзагообразное новое здание рядом с барочным дворцом: Еврейский музей

Напоминает о бегстве евреев из нацистской Германии: «Сад изгнания»

Переливается серебром: металлический фасад здания Либескинда

Предметы из еврейской жизни: постоянная экспозиция очень посещаемого музея

(Сверху по часовой стрелке)

KaDeWe
KaDeWe

Берлин не представим без Кауфхаус дес Вестенс. Самый большой универмаг на Европейском континенте – больше, чем универсальный магазин с богатым ассортиментом, KaDeWe – это легенда. Прежде всего необходимо посетить отдел гастрономии и деликатесов на верхних этажах. Тут можно увидеть, как посетители со всего мира поедают устриц, запивая их шампанским.

Когда в 1907 г. был открыт универмаг на пл. **Виттенбергплатц**, невозможно было предвидеть подобное развитие. Архитектор Эмиль Шаудт вписал здание на Tauentzienstraße 21–24 в окружающую жилую архитектуру. С постройкой KaDeWe ул. **Тауенциенштрассе**, примыкающая с востока к → **Курфюрстендамм**, быстро превратилась в важную торговую улицу, уже в 1929 г. пятиэтажное здание было надстроено еще двумя этажами. Основательно расширился KaDeWe еще раз в 1990-е гг., получив огромную крышу с большим зимним садом. На первом этаже была проложена торговая галерея с бутиками товаров-люкс.

Tauentzienstraße 21–24
www.kadewe.de

▷ Станция (U) Wittenbergplatz

Радость для глаз: красиво оформленная витрина KaDeWe

Радушная встреча: портье у главного входа в Кауфхаус дес Вестенс

Экзотические продукты: гастрономический отдел знаменитого универсального магазина

Распахнул двери в 1907 году: самый большой храм потребления

(Сверху по часовой стрелке)

Шёнеберг

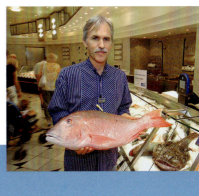

Karl-Marx-Allee
Карл-Маркс-аллее

Кто хочет получить небольшое впечатление о Москве, не обязательно должен покидать Берлин: на двухкилометровой Карл-Маркс-аллее, которая в 1949–61 гг. называлась Сталин-аллее и которая ведёт от → **Александерплатц** на восток, ГДР аккуратно скопировала советский архитектурный стиль.

Когда в 1952 г. под руководством архитектора Германна Хенсельманна началось осуществление проекта «первой социалистической улицы в Германии», жилые дома оборудовали весьма комфортабельно и роскошно, например, лифтами и паркетными полами. Несмотря на это, именно в таком престижном объекте молодой ГДР зародилось рабочее восстание 17 июня 1953 г.

Бульвар шириной в 90 метров между пл. **Штраусбергер платц** и ул. Проскауер штрассе был закончен в 1961 г. После воссоединения Берлина памятник архитектуры поэтапно реставрировали, фасады заново украсили майсенской керамикой. Архитектурными достопримечательностями на Карл-Маркс-аллее считаются дома-башни на пл. **Франкфуртер тор** и кинотеатр «**Космос**». Кинотеатр «**Интернациональ**» был построен в 1965 г. на пл. Штраусбергер платц в стиле модернизм.

▷ Станция (U) Strausberger Platz или Frankfurter Tor

Роскошное здание в московском стиле: знаменитый книжный магазин на Карл-Маркс-аллее

Вид на пл. Александерплатц: открытый в 1967 г. фонтан на пл. Штраусбергер платц

Купол как на Жандарменмаркт: дом-башня на пл. Франкфуртер тор

Популярный кинотеатр с программой некоммерческих фильмов: «Интернациональ»

(Сверху по часовой стрелке)

Фридрихсхайн/Митте 47

Kollwitzplatz
Кольвицплатц

Нигде в Берлине не сосредоточено больше ресторанов и пивных, чем в районе Пренцлауэр-Берг. Бывший когда-то кварталом маленького человека, он стал шикарным и модным районом, не в последнюю очередь благодаря привлекательности сплошных лепных фасадов зданий эпохи грюндерства.

От симпатичной площади **Зенефельдерплатц** с традиционной верандой-пивной **Пфеферберг** подъем ведет к пл. Кольвицплатц, названной в честь художницы Кэте Кольвиц (1867–1945), которая жила здесь почти до своей смерти. На зеленом газоне установлена копия ее скульптуры «Мать с двумя детьми».

Недалеко от площади между ул. Кнаакштрассе и Шёнхаузер аллее находится культурный центр **Kulturbrauerei**. Являющийся архитектурным памятником, комплекс был спроектирован в 1889 г. архитектором Францем Швехтеном, который построил также церковь Поминовения. В сложенных из кирпича залах располагаются сегодня дискотеки, кино и рестораны.

Неподалеку на ул. Кастаниен-аллее расположен **Pratergarten**, старейшая в Берлине пивная под открытым небом, открытая еще в 1837 г. Лишенная всяких прикрас, Кастаниен-аллее пользуется особенной популярностью среди молодой публики. Но в последнее время все более становится заметно, что надолго такой улица не останется.

Kulturbrauerei
Knaackstraße 97
www.kulturbrauerei-berlin.de

▷ Станция (U) Eberswalder Straße

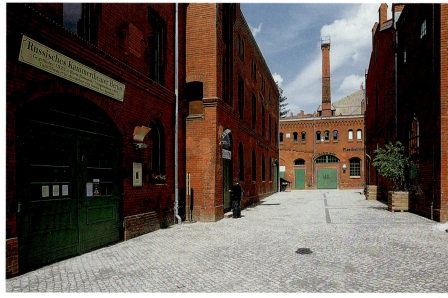

Классическая достопримечательность Берлина: виадук линии метро на ул. Шёнхаузер аллее

Место встреч ночных гуляк: культурный центр Kulturbrauerei

Ее именем названа площадь: памятник Кете Кольвиц работы Густава Зайтца

Сплошь рестораны и кафе: вокруг пл. Кольвицплатц

(Сверху по часовой стрелке)

Kulturforum
Форум культуры

По соседству с кварталом-новостройкой на → **Потсдамской площади** можно ощутить блеск искусства и культуры мирового уровня, которые сконцентрированы именно здесь. Форум культуры расположен по обе стороны ул. Потсдамер штрассе и является к тому же самым значительным архитектурным ансамблем послевоенной эпохи в Западном Берлине. Разработанная Бернхардом Хансом Шаруном концепция примечательных отдельно стоящих зданий, сливающихся в «городской ландшафт», восходит к 1959–64 гг. Филармония, Камерный зал, Государственная библиотека, Картинная галерея и Новая национальная галерея образуют уникальный культурный центр.

Первое здание Форума культуры, **Филармония**, появилось в 1960–63 гг. Экспрессивно оформленный концертный зал стал всемирно известным из-за своей великолепной акустики. Организо-

Картинная галерея
Matthäikirchplatz
Вт.–вс. с 10 до 18 часов, чт. до 22 часов

Новая национальная галерея
Potsdamer Straße 50
Вт.–пт. с 10 до 18 часов, чт. до 22 часов, сб.–вс. с 11 до 18 часов

Обе галереи: тел. 266 42 42 42; www.smb.museum

Музей музыкальных инструментов
Ул. Tiergartenstraße 1, вход с ул. Ben-Gurion-Straße
Вт.–пт. с 9 до 17 часов, чт. до 22 часов, сб.–вс. с 10 до 17 часов
Тел. 25 48 11 78; www.mim-berlin.de

Церковь св. Матвея
Пл. Matthäikirchplatz 1
Вт.–вс. с 12 до 18 часов
Тел. 262 12 02; www.stiftung-stmatthaeus.de

▷ Станция (S и U) Potsdamer Platz, автобус 200

Сосредоточение очагов культуры мирового уровня: Форум культуры

Соединение старого и нового: картинная галерея и церковь св. Матвея

Известен из-за своей великолепной акустики: Камерный зал

Первые адреса классической музыки: Филармония (слева) и Камерный зал

(Сверху по часовой стрелке)

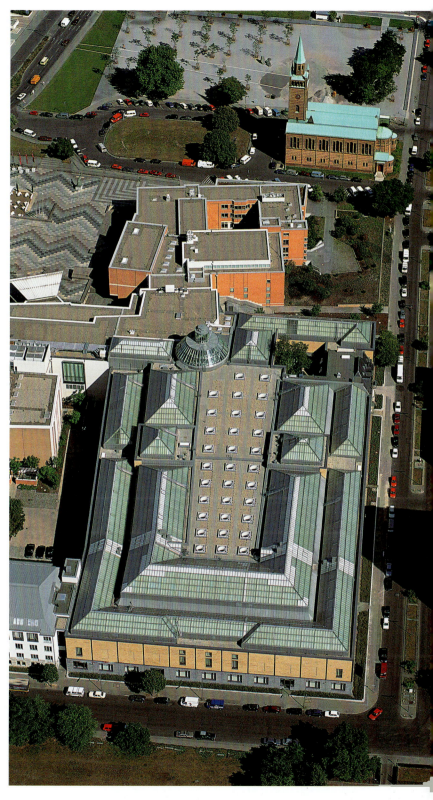

Тиргартен 51

ванный в 1882 г. Берлинский филармонический оркестр, разместившийся здесь, принадлежит к лучшим оркестрам мира. Соседние здания – **Камерный зал** и **Музей музыкальных инструментов** – тоже спроектировал Шарун, однако проекты после его смерти осуществил его ученик Эдгар Вишниевский в 1985–87 гг.
Достойна внимания и **Государственная библиотека** (1967–78), выглядящая как блестящая золотом скала рядом с новостройками Потсдамской площади. Классикой современности можно считать стеклянную **Новую национальную галерею**, построенную Людвигом Мис ван дер Роэ в 1965–68 гг., в ней выставлены произведения начала XX века. В **Картинной галерее** расположены картины старых мастеров до XVIII века. **Музей прикладного искусства** занимает соседнее здание, облицованное красным кирпичом, оно было построено Рольфом Гутбродом в 1979–85 гг.
Свидетельством прусской истории является стоящая в середине Форума **церковь св. Матвея**, возведенная в 1844–46 гг. Фридрихом Августом Штюлером.

Храм искусства с непререкаемым авторитетом: Новая национальная галерея Мис ван дер Роэ

Пережила ужасы Второй мировой войны: церковь св. Матвея, возведенная Штюлером

Показывает знаменитые произведения европейских старых мастеров: Картинная галерея

(Сверху по часовой стрелке)

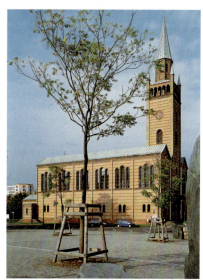

Kurfürstendamm
Курфюрстендамм

От → **церкви Поминовения императора Вильгельма** на запад протянулась 3,5-километровая улица Курфюрстендамм с дорогими магазинами. Всемирно известный, обсаженный платанами бульвар возник по инициативе имперского канцлера Отто фон Бисмарка. По его замыслу здесь с 1886 г. стали строиться большие буржуазные дома, украшенные репрезентативными фасадами. Вскоре аристократический «Кудамм» стал пульсирующей артерией с кинотеатрами и другими заведениями, присущими столичному городу.

Между ул. Блайбтройштрассе и пл. Аденауерплатц сконцентрировались бутики от-кутюр. На перекрестке Йоахимсталер штрассе расположено самое знаменитое в городе **кафе Кранцлер**. Наряду с плоскими зданиями 1950-х годов, Курфюрстендамм представлена и со своей современной стороны: например, стоящие под углом друг другу роскошная полукруглая гостиница (со скульптурами Маркуса Люперца) и стеклянный так называемый **Новый угол Кранцлер**. Расположенный здесь торговый пассаж выводит к самому красивому театру времен Belle Époque: открытый в 1896 г. **Театер дес Вестенс** на ул. Кантштрассе – это приют легкой музы, подмостки мюзиклов и варьете.

Стоит завернуть также на ул. **Фазаненштрассе**.

Музей Кете Кольвиц
Fasanenstraße 24
Ежедневно с 11 до 18 часов
Тел. 882 52 10; www.kaethe-kollwitz.de

Театер дес Вестенс
Kantstraße 12
Тел. 31 90 30; www.theater-des-westens.de

▷ Станция (U) Kurfürstendamm, Uhlandstraße или Adenauerplatz

Динамично: новое здание на углу Кудамм

С размахом: гостиница-люкс на пл. Йоахимсталер платц

Сверкающее: знаменитое кафе Кранцлер с «Новым углом Кранцлер»

Зеленая лента протянулась сквозь Западный Берлин: Курфюрстендамм

(Сверху по часовой стрелке)

Здесь со времен основания Курфюрстендамм сохранилась вилла с садом, в которой размещается **Литературное кафе** (№ 23) – настоящий оазис посреди городской суеты. Рядом находится **Музей Кете Кольвиц**, где выставлены произведения этой художницы (1867–1945).

На ул. Фазаненштрассе 79/80, на север от Кудамм, расположен **Дом еврейской общины**. Стоявшая на этом месте с 1912 г. синагога сгорела во время погрома в 1938 г., а ее сохранившийся портал был водружен перед скромным новым зданием в 1959 г.

Аристократичное здание: Вилла Гризебах на ул. Фазаненштрассе

В память о синагоге, сгоревшей в 1938 г.: скульптура свиток торы перед Домом еврейской общины

Идиллия: Литературное кафе на открытой веранде на ул. Фазаненштрассе

Смесь архитектурных стилей: Театер дес Вестенс

(Сверху по часовой стрелке)

Marienkirche
Церковь св. Марии

Немножко потерянной выглядит она посреди монументальных зданий гедеэровских времен: стоящая в тени → **телебашни** церковь св. Марии является свидетельницей тех времен, когда 800 лет назад на этом месте располагался зародыш Берлина – с переулочками и крошечными рынками.

В готическом храме, упомянутом впервые в 1295 г., можно увидеть великолепные культовые произведения искусства, среди прочего – исторически драгоценную фреску «Пляска смерти» в башенном зале, созданную в 1482 г. после эпидемии чумы. Барочную кафедру из альбастра в 1702–03 гг. выполнил Андреас Шлютер. В 1790 г. колокольня церкви св. Марии была увенчана медным шпилем – шедевром Карла Готтхарда Лангханса.

Неподалеку от храма находится пышно отделанный **фонтан Нептун**. Самый красивый фонтан Берлина (1888) был подарком берлинского магистрата последнему германскому императору. Произведение скульптора Рейнгольда Бегаса символизирует реки Рейн, Эльбу, Одер и Вислу. К середине XIX века относится и **Берлинская ратуша**, прозванная из-за кирпичного фасада «Красной ратушей». Построена она была в 1861–69 гг. по проекту Германа Фридриха Веземана. 74-метровая башня выполнена в стиле северо-итальянской готики. Сегодня ратуша является резиденцией земельного правительства, сената и правящего бургомистра.

Karl-Liebknecht-Straße 8
Ежедневно с 10 до 18 часов
Тел. 258 18 51 12; www.marienkirche-berlin.de
▷ Станция (S и U) Alexanderplatz, автобус 100, 200

Представители берлинской истории: церковь св. Марии и телебашня

Здесь заседают представители граждан Берлина: башня Красной ратуши

Средневековый фон: пышный фонтан Нептун перед церковью св. Марии

(Сверху по часовой стрелке)

Museumsinsel
Остров музеев

На северной стороне острова Шпрееинзель в центре города находится один из великолепнейших музейных комплексов Европы: Остров музеев. В течение ста лет, до 1930 г., пять архитекторов возвели здесь ансамбль, объявленный ЮНЕСКО в 1999 г. мировым культурным наследием. С конца 1990-х гг. он поэтапно реставрируется и был расширен новым входным зданием. Построенный Карлом Фридрихом Шинкелем в 1825–30 гг. **Старый музей** является шедевром классицистской архитектуры. Его фронтон смотрит на **Люстгартен** у → **Берлинского Домского собора**. Потрясает ротонда этого первого музейного сооружения в Берлине: она копирует римский Пантеон и соответствует представленному здесь собранию античного искусства.

В **Новом музее** расположена египетская коллекция искусства со знаменитым бюстом царицы Нефертити. Возведенное в 1843–46 гг. Фридрихом Августом Штюлером здание, после своего нового открытия в 2009 г. представляет собой смешение разных эпох.

Около Нового музея находится второе творение Штюлера – **Старая национальная галерея**. Здание,

Старый музей
Ежедневно с 10 до 18 часов, чт. до 22 часов

Старая национальная галерея
Вт.–вс. с 10 до 18 часов, чт. до 22 часов

Музей им. Боде
Ежедневно с 10 до 18 часов, чт. до 22 часов

Новый музей
Вс.–ср. с 10 до 18 часов, чт.–сб. до 20 часов

Пергамский музей
Ежедневно с 10 до 18 часов, чт. до 21 часов

Все музеи: тел. 266 42 42 42; www.smb.museum

▷ Станция (S) Hackescher Markt, автобус 100, 200

Главное создание Шинкеля: Старый музей у Люстгартена

Классицизм а ля Пруссия: ротонда Старого музея

Исторические храмы искусства на Острове музеев: Старая национальная галерея (справа) и Новый музей

(Сверху по часовой стрелке)

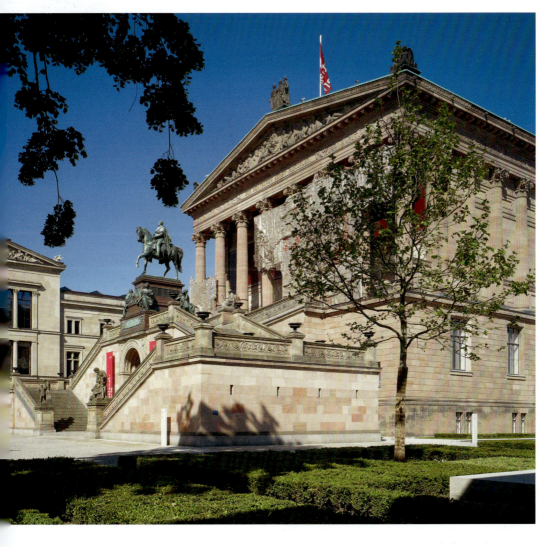

в котором выставлена живопись и скульптура XIX века, похоже на античный храм, возведенный на высоком цоколе. Проект Штюлера был завершен Йоханом Хайнрихом Штраком в 1867–76 гг. На парадной лестнице стоит конная статуя Фридриха Вильгельма IV, подавшего идею создания Острова музеев. В Старой национальной галерее можно увидеть произведения французских импрессионистов (Мане, Моне, Ренуара), а также полотна романтиков – Каспара Давида Фридриха и Карла Фридриха Шинкеля. Северную оконечность Острова музеев обрамляет **Музей им. Боде**, построенный в 1898–1904 гг. Эрнстом фон Ине. В музее представлены культовые произведения искусства из Византии и европейская скульптура от Ренессанса до Барокко.

Особой известностью у посетителей пользуется **Пергамский музей**, построенный Альфредом Месселем в 1907–30 гг., в нем хранятся археологические находки античности, ворота Иштар из Вавилона и величественный Пергамский алтарь.

Сегодня обитают в Старой национальной галерее: «Принцессы» Шадова

Необарокко: Музей им. Боде на северной оконечности Острова музеев

Всемирно известная обитательница Нового музея: египетская царица Нефертити

Притяжение для публики: монументальный алтарь из Пергама

(Сверху по часовой стрелке)

Museumszentrum Dahlem
Музейный центр Далем

Помимо → **Острова музеев** и → **Форума культуры** в Берлине существует еще третий важный музейный центр: **Музеи искусства и культуры народов мира** в Далеме. В этом районе на юго-западе Берлина расположены собрания предметов из европейских и неевропейских стран, а также **Этнологический музей**. 500 тысяч представленных здесь экспонатов составляют одну из самых больших коллекций в мире.

С большим вкусом подобраны экспонаты в **Музее искусства Индии** и в **Музее искусства Восточной Азии**. **Музей европейских культур** также принадлежит к первым адресам – здесь представлены предметы культа и быта народов немецкоязычных стран начиная с XVI века до сегодня. Замысел этого музея принадлежит Вильгельму фон Боде и относится к 1911 г., однако осуществлен он был только после Второй мировой войны. Проекты современных музейных зданий выполнены архитекторами Вильсом Эбертом и Фрицем Борнеманном.

> **Этнологический музей**
> **Музей искусства Восточной Азии**
> **Музей европейских культур**
> Lansstraße 8
> Вт.–пт. с 10 до 18 часов, сб.–вс. с 11 до 18 часов
> Тел. 266 42 42 42; www.smb.museum
>
> ▷ Станция (U) Dahlem Dorf

Грандиозно: искусство скульптуры коренных жителей Центральной Америки

Современный комплекс в Далеме: Музеи искусства и культуры народов мира

Чтобы подивиться в Этнологическом музее: оригинальные хижины с юга Тихого океана

(Сверху по часовой стрелке)

Neue Synagoge
Новая синагога

Новая синагога в Шпандауеровском предместье относится к самым красивым сооружениям Берлина. Построенная более 150 лет назад, она считалась раньше самой большой и значительной синагогой Германии. После серьезных разрушений во время Второй мировой войны была восстановлена лишь передняя часть, служащая сегодня как **Centrum Judaicum** (центр культурных мероприятий, выставок и т.д.).

Это здание на ул. Ораниенбургер штрассе в 1857–59 гг. спроектировал Эдуард Кноблаух, а возвел его в 1866 г. Август Штюлер. Для Берлина уникален мавританский стиль издали заметного золоченого купола. В несохранившемся главном зале синагоги могло раньше разместиться 3000 верующих. В погромную ночь в 1938 г. здание от сожжения нацистами было спасено благодаря решительности одного полицейского.

Улица Ораниенбургер штрассе особенно ценится у любителей ночной жизни. Во **дворах Хекманн**, находящихся по соседству с синагогой, ощущается особая атмосфера исторического квартала. Здание бывшей имперской почты – **Старый почтамт** (на углу ул. Тухольскиштрассе) – было построено в 1875–81 гг. в архитектурном стиле, ориентированном на синагогу.

На ул. Гроссе Гамбургер штрассе расположено самое старое **еврейское кладбище** Берлина (1672–1827). Оскверненное нацистами во время диктатуры, оно является сейчас мемориальным.

Oranienburger Straße 28/30
Вс.–чт. с 10 до 18 часов, пт. с 10 до 14 часов, март–окт. вс.–пн. до 20 часов, апр.–сент. пт. до 17 часов
Тел. 88 02 83 16; www.cjudaicum.de

▷ Станция (S) Oranienburger Straße

Когда-то красивое административное здание, сейчас выставочный зал: Старый почтамт на ул. Ораниенбургер штрассе

Сооружен как самый величественный еврейский храм в Европе: Новая синагога с ее примечательным золотым куполом

В память одному из самых значительных немецких философов: надгробие Мендельсона на еврейском кладбище на ул. Гроссе Хамбургер штрассе

Реконструирован: малый зал Новой синагоги

(Сверху по часовой стрелке)

Митте 67

Nikolaiviertel
Николайфиртель

Воссозданный район Николайфиртель на острове Шпрееинзель является своего рода музеем старого Берлина под открытым небом. Свой нынешний вид он получил в 1987 г., к 750-летию города. Облик небольшого квартала на запад от → **Александерплатц**, в котором на каждом шагу встречаются кафе и рестораны, определяет **церковь св. Николая**. В этом самом старом сохранившемся берлинском сооружении сегодня размещается музей культовой скульптуры. Строительство храма началось в 1230 г., а в XV в. он получил свой сегодняшний вид.

В Николайфиртель восстановлены многочисленные исторические здания XVI–XVIII вв. Среди прочих **Дворец Эфраима**, пивная **Zum Nussbaum**, дом Готхольда Эфраима Лессинга (1729–81) и **Кноблаух-Хаус**, построенный в 1759–61 гг., в котором развернута выставка об эпохе Бидермайер и о влиятельной семье Кноблаух. Свидетелями прошлого на близлежащей ул. Клостерштрассе являются остатки церкви **Клостеркирхе** (после 1250 г.), барочная церковь **Парохиалькирхе** (1703 г.) и **дворец Подевильс** (1704 г.).

Церковь св. Николая
Nikolaikirchplatz
Ежедневно с 10 до 18 часов

Кноблаух-Хаус
Poststraße 23
Вт.–вс. с 10 до 18 часов, ср. с 12 до 20 часов

Дворец Эфраима
Poststraße 16
Вт.–вс. с 10 до 18 часов, ср. с 12 до 20 часов

Все: тел. 24 00 21 62;
www.stadtmuseum.de

▷ Станция (S и U) Alexanderplatz, Станция (U) Klosterstraße

Одно из самых красивых мест Берлина: Дворец Эфраима 1766 г.

Почти 800-летнего возраста: церковь св. Николая с колокольнями 1878 г.

Расположен в сердце столицы: реконструированный квартал Николайфиртель

Ностальгия: пивная Zum Nussbaum, новодел 1985–87 гг. в Николайфиртеле

(Сверху по часовой стрелке)

Oberbaumbrücke
Обербаумбрюке

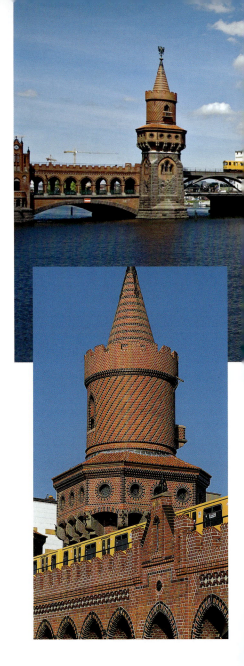

Берлин гордится тем, что мостов у него больше, чем в Венеции. На самом деле в городе на Шпрее находится почти 1000 мостов различных эпох. Самым примечательным можно считать Обербаумбрюке, соединяющий с 1896 г. Фридрихсхайн и Кройцберг через Шпрее, когда-то тут находился обербаум, таможенный пост. По этому мосту проезжают не только машины, но и пролегает старейшая линия берлинского метро. Несущая конструкция путей архитектурно украшена и оформлена в средневековом стиле. Отто Штан сконструировал сооружение, похожее на бранденбургскую крепость.

Здесь по обоим берегам реки расположились очаги берлинской попкультуры. Бесчетные клубы и дискотеки привлекают к себе модную молодежь. На территории бывшего восточноберлинского порта раскинулся **Media-Spree** – комплекс разных медийных бизнесцентров. Например, концерн Universal расположен в перестроенном здании-холодильнике 1928–29 гг., рядом с Обербаумбрюке.

Ул. Шлезише штрассе на стороне Кройцберга является магнитом для многочисленных любителей ночных прогулок. Станция метро **Шлезишес тор** интересна в архитектурном смысле, она такая же старая, как и сама линия метро, открытая в 1902 г.

Крутая музыка из старого здания-холодильника: немецкий филиал музыкального концерна Universal размещается с 2002 г. у моста Обербаумбрюке

Смелая конструкция: наисовременнейшая гостиница в комплексе Media-Spree

Берлин портовый: старинные складские сооружения в восточной гавани Фридрихсхайна

Средневековое оформление: примечательные башни моста были построены по образцу бранденбургских городских ворот

(Сверху по часовой стрелке)

Warschauer Straße
▷ Станция (S и U) Warschauer Straße, Станция (U) Schlesisches Tor

Olympiastadion
Олимпийский стадион

Когда 9 июля 2006 г. на Олимпийском стадионе состоялся финальный матч чемпионата мира по футболу, окончательно испарился старый дух, все еще присутствовавший на этой арене. Ровно 70 лет перед тем на этом стадионе, расположенном недалеко от Хафеля, проходили Олимпийские игры. Тогда и стадион, и игры служили в пропагандистских целях фашизма. Овал стадиона был сооружен в 1934–36 гг. по проектам архитектора Вернера Марха в стиле монументальной национал-социалистической архитектуры. Эффект еще более усиливают прилегающий луг Майфельд, служивший местом проведения нацистских маршей, и 77-метровая башня-звонница.

К чемпионату мира 2006 г. стадион был полностью модернизирован и может разместить теперь 75000 зрителей. Архитектурная мастерская «Геркан и Марг с партнерами» соорудила над стадионом современную крышу, не покрытым осталось лишь пространство над марафонскими воротами. В крышу вмонтированы самые современные осветительные приборы. Тартановые дорожки стадиона выкрашены в синий цвет берлинского футбольного клуба «Hertha BSC». В комплекс входят также находящиеся рядом с Олимпийской ареной плавательный бассейн, хоккейный стадион и манеж для верховой езды. Углубленная на 30 метров **Лесная арена** является популярным местом проведения летних концертов под открытым небом.

Туристический центр
Olympischer Platz 3 (у восточных ворот)
Тел. 25 00 23 22; www.olympiastadion-berlin.de

▷ Станция (S и U) Olympiastadion

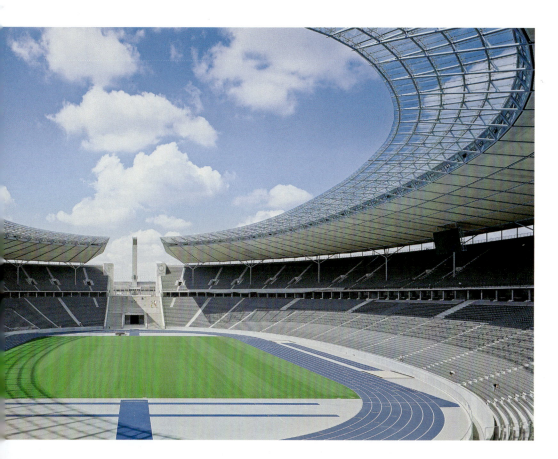

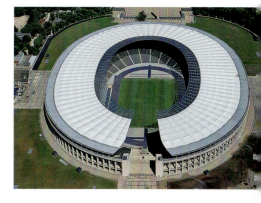

Был впервые накрыт крышей к чемпионату мира по футболу 2006 г.: Олимпийский стадион

Построен к Олимпийским играм 1936 г. в стиле архитектуры эпохи национал-социализма: самый крупный стадион Германии

Излюбленное место концертов под открытым небом: Лесная арена

(Сверху по часовой стрелке)

Pariser Platz
Парижская площадь

Парижская площадь у → **Бранденбургских ворот** после воссоединения Берлина была полностью отстроена заново. Тем не менее у туристов складывается впечатление, что здесь существует единый с прошлым стиль.

Спроектированные Йозефом Паулем Кляйхусом новые здания, стоящие по бокам от ворот – **Хаус Либерманн** и **Хаус Зоммер** – похожи на стоявшие на этом месте разрушенные здания архитектора Штюлера.

Стиль прошлого копирует и **гостиница «Адлон»**. Легендарный роскошный отель отстроен заново на прежнем месте. Производят впечатление стоящие на северной стороне площади здания **Ойген-Гутманн-Хаус**, а также **Французское посольство**, построенное в стиле дворца Кристианом де Портзампарком.

Южную сторону площади составляют **Академия искусств** (рядом с «Адлоном») со стеклянным фасадом (архитектор Гюнтер Бениш), здание **ДЦ-Банка**, за строгим фасадом которого скрывается полный фантазии язык формы всемирно известного архитектора Фрэнка О. Гери, и наконец **посольство США**, последним в 2008 г. открытое на площади (архитекторное бюро «Moore, Ruble, Yudell»).

Академия искусств
Pariser Platz 4
Ежедневно с 10 до 22 часов
www.adk.de

Макс-Либерманн-Хаус
Pariser Platz 7
Тел. 22 63 30 30; www.stiftung.brandenburgertor.de

▷ Станция (S и U) Brandenburger Tor

Фешенебельно: отель «Адлон» (слева) рядом с Академией искусств

Вид сверху: «Адлон», Академия искусств, ДЦ-Банк и посольство США (слева) на южной стороне Парижской площади

Производит впечатление: внутренний двор ДЦ-Банка

Известны по всему миру: Бранденбургские ворота, рядом Хаус Либерманн (справа) и Хаус Зоммер

(Сверху по часовой стрелке)

Pfaueninsel
Павлиний остров

Павлиний остров – это место, где романтичные сердца начинают биться учащенней. Каждый квадратный метр острова на Хафеле западнее Ванзее искусно обухожен. Знаменитый ландшафтный архитектор Петер Йозеф Ленне спроектировал в 1820–36 гг. сказочный парк, где и сегодня гуляют на воле 60 павлинов. В 1823 г. Карл Фридрих Шинкель возвел Кавалерский замок с позднеготическим фасадом старинного патрицианского дворца, специально перевезенным из Данцига.

Король Фридрих Вильгельм II (1744–97) задумал идиллический остров как место отдыха и приказал построить здесь небольшой дворец в стиле руины из белого камня для своей фаворитки и подруги юности Вильгельмины Энке (1752–1820). В живописном любовном гнезде 1794–95 гг. можно увидеть покои монарха с мебелью того времени.

По другую сторону острова вдоль Хафеля дорога ведет к еще одному месту обитания прусских венценосцев. Для принца Карла Прусского в 1825–27 гг. архитектор Шинкель возвел в стиле итальянской виллы **дворец Глинике**. Он окружен волшебным парком, разбитом по планам Ленне. От стоящего рядом здания, называемого Казино, открывается вид на панораму Хафеля.

Pfaueninselchaussee 1
Весь год до наступления сумерек

▷ Станция (S) Wannsee, потом автобусом 218

Дворец Глинике
Königstraße 36
Вт.–вс. с 10 до 18 часов, ноя.–март сб.–вс. до 17 часов

Оба: тел. 80 58 67 50; www.spsg.de

▷ Станция (S) Wannsee, потом автобусом 316

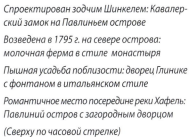

Спроектирован зодчим Шинкелем: Кавалерский замок на Павлиньем острове

Возведена в 1795 г. на севере острова: молочная ферма в стиле монастыря

Пышная усадьба поблизости: дворец Глинике с фонтаном в итальянском стиле

Романтичное место посередине реки Хафель: Павлиний остров с загородным дворцом

(Сверху по часовой стрелке)

Ванзее 77

Potsdam
Потсдам

Потсдам, бывший город-резиденция прусских королей и сегодняшняя столица земли Бранденбург, всемирно известен благодаря своим уникальным памятникам культуры времен Фридриха Великого (1712–86). **Дворцом** и **парком Сансуси** король создал рефугиум у ворот Берлина соответственно со своим вкусом. Кульминационной точкой является блестящий дворец Сансуси («Без забот») с его извилистыми виноградными террасами. Возведенный Георгом Венцеслаусом фон Кнобельсдорфом в 1745–47 гг., дворец является шедевром рококо. Относительно скромное здание соответствовало репутации просвещенного монарха-философа Фридриха, могила которого находится рядом с его любимым дворцом.

Жемчужиной рококо является и **Китайский чайный домик** 1756 г. Силу и величие Пруссии призван символизировать **Новый дворец**, построенный монархом после Семилетней войны 1763–69 гг. Ансамбль **Новой оранжереи** возник в 1851–61 гг. по образцу итальянского Ренессанса.

Наряду с Сансуси вторым парковым владением Гогенцоллернов является **Новый сад**. На озере Хайлигер зее расположены классицистский **Мраморный дворец** (1787–91) и **Дворец Цецилиенхоф** (1913–17). В этом последнем сооружении прусской монархии в 1945 г. произошла встреча руководителей стран-союзниц во Вто-

Информация для туристов
Brandenburgische Straße 3
Тел. 0331/27 55 80; www.potsdamtourismus.de

Информация для посетителей парка Сансуси
An der Orangerie 1
Тел. 0331/969 42 00; www.spsg.de

▷ Станция (S) Potsdam Hbf.

Скромно: дворец Шарлоттенхоф в парке Сансуси

Итальянский ренессанс в Потсдаме: Новая оранжерея

Шедевр немецкого рококо: дворец Сансуси Фридриха Великого

Позолоченный садовый павильон: Китайский чайный домик в дворцовом парке

(Сверху по часовой стрелке)

рой мировой войны – Потсдамская конференция.

В центре города на Старой рыночной площади, рядом с внушительной церковью **Николайкирхе** (1830–50) архитектора Карла Фридриха Шинкеля восстановлен снесенный в 1960 г. **Потсдамский городской дворец**. В немного измененном виде в раннебарочной резиденции Великого курфюрста, построенной в 1664–70 гг., сейчас заседает земельный парламент Бранденбурга.

Особо очарователен **Голландский квартал** в старом городе (ул. Миттельштрассе): в 1732–42 гг. он был построен для иммигрантов из Голландии в стиле их родины.

Центральная торговая улица Потсдама – ул. Бранденбургише штрассе, на западном конце которой стоят **Бранденбургские ворота** в стиле римской триумфальной арки.

Заимствованный архитектурный стиль: Голландский квартал призван был привлечь ремесленников из этой страны в Потсдам

Тут в 1945 г. состоялась конференция стран-победительниц во Второй мировой войне: дворец Цецилиенхоф в Новом саду

Торжественный въезд в город: потсдамские Бранденбургские ворота 1770 г.

У озера Хайлигер зее: мраморный дворец в Новом саду

(Сверху по часовой стрелке)

Potsdamer Platz
Потсдамская площадь

Потсдамская площадь символизирует «новый Берлин», его эпохальный скачок из разрезанного стеной города в распахнутую столицу в центре Европы. На грани тысячелетий здесь, на огромном пустыре, оставшемся после войны, возник современный оживленный крупный городской центр. Основными пунктами являются Театр мюзиклов, казино, кинотеатры и торговый пассаж.

Всегда много народа в **Сони-центре**, шатровая крыша которого защищает от непогоды. Смело решенная конструкция из стали и стекла архитектора Хельмута Яна раскинулась, будто огромный зонтик, над пятью домами, светясь ночью пестрыми карамельными красками. Контрастом всему этому предстают залы в стиле Belle Époque, сохранившиеся от некогда фешенебельной гостиницы «Эспланада» (1908), встроенные в современный комплекс площади.

Потсдамская площадь является известным адресом для любителей кино благодаря кинофестивалю Берлинале, **Бульвару звезд** и **Музею кино** с архивом Марлен Дитрих (1901–92).

Звезды кино любят останавливаться в гостинице Ritz-Carlton в стиле Ар-деко, флагмане роскошного **Байсхайм-центра**, на северной стороне Потсдамской площади.

На площади установлена башенка-реплика первого берлинского светофора (1924), регулировавшего движение не только здесь, но и на

Театр на Потсдамской площади и **казино**
Marlene-Dietrich-Platz 1

Музей кино и телевидения
Potsdamer Straße 2
Вт.–вс. с 10 до 18 часов, чт. до 20 часов
Тел. 300 90 30; www.deutsche-kinemathek.de

▷ Станция (S и U) Potsdamer Platz

Устремлены ввысь: высотки на Потсдамской площади, построенные на грани тысячелетий

Незабываемо: звезда Марлен Дитрих на Бульваре звезд

Подмостки эстрады: пл. Марлен Дитрих с Театром мюзикла и с казино

Великолепно: крыша Сони-центра светится пестрыми карамельными красками

(Сверху по часовой стрелке)

соседней **Лейпцигской площади**. Эта восьмиугольная площадь появилась в 1734 г. и поражает своей гармоничной современной архитектурой.

На ул. Лейпцигер штрассе 3/4 расположен **Германский Бундесрат**. Земельная палата заседает в историческом здании Прусского королевского дворянского собрания, построенном в 1901–04 гг.

Прежде – символ нескончаемого движения Берлина: светофор 1924 г.

Тут останавливаются кинозвёзды и VIP-персоны со всего мира: отель Ritz-Carlton (слева) в Байсхайм-центре

Место заседаний Германского Бундесрата: бывшее здание Прусского королевского дворянского собрания

Когда-то пустырь, через который пролегала Берлинская стена, теперь город в городе: Потсдамская площадь

(Сверху по часовой стрелке)

Тиргартен 85

Regierungsviertel
Правительственный квартал

Сердце политики Германии бьется на излучине Шпрее севернее → **Тиргартена**. **Бундестаг** и **Ведомство федерального канцлера** образуют единый архитектурный ансамбль, возведенный в начале нашего тысячелетия. Впечатляющие новостройки, расположенные в ряд, находятся в соседстве со старым зданием → **Рейхстага**. Завершенное в мае 2001 г., Ведомство федерального канцлера на берегу Шпрее относится к значительным архитектурным сооружениям Берлина. 36-метровый фасад и лужайка перед ним напоминают экспрессивную декорацию. Огромные сквозные проемы по обеим сторонам главного здания придают цитадели власти прозрачность. В вытянутых боковых крыльях размещены 310 бюро сотрудников главы государства. Комплекс с парком на Шпрее спроектировали Аксель Шультес и Шарлотте Франк.

Эти же архитекторы выполнили и планировку других крупных зданий Бундестага: **Пауль-Лёбе-Хаус** (рядом со зданием Рейхстага) и **Мари-Элизабет-Людерс-Хаус** (на противоположной стороне Шпрее). Там, где парламентские сооружения перекинуты через Шпрее, хорошо проявляется их легкость. С дорожки по набережной открывается замечательный вид на город. Здания, в которых размещены залы заседаний комиссий и библиотека Бундестага, спроектировал Штефан Браунфельс. К комплексу Бундестага относится

Бундестаг
Besucherdienst
Platz der Republik 1
Тел. 22 73 21 52; www.bundestag.de

Ведомство федерального канцлера
Willy-Brandt-Straße 1
www.bundesregierung.de

▷ Станция (U) Bundestag

Захватывающе: фронтон Ведомства федерального канцлера

Ступени во власть: лестница в центральном корпусе ведет к офисам канцлера

Круглый стол: зал заседаний на шестом этаже Ведомства федерального канцлера

Власть сосредоточилась на Шпрее: Пауль-Лёбе-Хаус (справа) и здание Рейхстага

(Сверху по часовой стрелке)

и **Якоб-Кайзер-Хаус**, состоящий из нескольких корпусов по обе стороны ул. Доротеенштрассе. Странно выглядит в Правительственным квартале **посольство Швейцарии**, стоящее на Отто-фон-Бисмарк-аллее, 4. Здание 1870 года (посольство расположено в нем с 1919 г.) пережило все потрясения берлинской истории и теперь оказалось в соседстве с Ведомством федерального канцлера. Историческая постройка была расширена базельскими архитекторами Diener & Diener.

Сцена, на которой разыгрывается большая политика: Мари-Элизабет-Людерс-Хаус

«Федеральная лента»: Ведомство канцлера, Пауль-Лёбе-Хаус, Людерс-Хаус (сверху)

Без ложного стыда: люди относятся спокойно к соседству с властью – как здесь, на набережной Шпрее перед Ведомством канцлера

(Сверху по часовой стрелке)

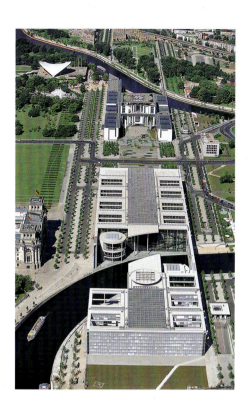

Reichstaggebäude
Здание Рейхстага

Здание Рейхстага, расположенное в → **Правительственном квартале**, всего в нескольких шагах от → **Бранденбургских ворот**, является одним из символов столицы. С 19 апреля 1999 г. Бундестаг ФРГ заседает в парламентском здании кайзеровских времен. Для того, чтобы депутаты спустя более 50 лет смогли перебраться из Бонна в Берлин, 120-летнее сооружение было перестроено и модернизировано.

Притягательным для многочисленных туристов является новый 800-тонный купол здания. Конструкция из стекла и стали доступна для посещения. По спиралевидному пандусу можно попасть на смотровую площадку на 40-метровой высоте. Здесь же, на крыше, расположен ресторан.

Перестройку стоимостью в 300 миллионов евро осуществил английский архитектор сэр Норман Фостер. Архитектор задумал не только красивый, но и экологический эффект. Огромных размеров зеркальный цилиндр в середине купола направляет внутрь пленарного зала дневной свет.

Здание немецкого парламента было построено в 1884–94 гг. по проекту Пауля Валлота. В результате пожара в феврале 1933 г., а потом во время войны оно сильно пострадало.

Platz der Republik 1
Купол: ежедневно с 8 до 22 часов
Служба посещений
Тел. 22 73 21 25; www.bundestag.de

▷ Станция (U) Bundestag

Место работы Бундестага: здание Рейхстага, построенное в кайзеровскую эпоху

Притягательный для многочисленных туристов: стеклянный купол Рейхстага

В конце Второй мировой войны: советские солдаты оставили свои автографы на стенах Рейхстага

Хай-тек в старых стенах: пленарный зал в перестроенном здании Рейхстага

(Сверху по часовой стрелке)

Schloss Bellevue
Дворец Бельвю

Ул. Шпреевег, 1 – почтовый адрес президента ФРГ. Это адрес дворца Бельвю, в котором с 1950-х годов президент мог пребывать, а с 1994 г. он стал его единственной официальной резиденцией.

Здание с двумя флигелями было возведено в западной оконечности → **Тиргартена** для младшего брата Фридриха Великого принца-регента Фердинанда Прусского. Филипп Даниэль Боуман построил классицистский дворец в 1785–86 годах. Фасад соответствует оригиналу, а внутренние помещения были отстроены заново после Второй мировой войны.

В 100 метрах южнее дворца расположено новое здание, где работают сотрудники президента. Мартин Грубер и Хельмут Кляйне-Кранебург спроектировали сооружение 15-метровой высоты с темным, серо-зеленым фасадом из натурального камня. Из-за своей овальной формы **Ведомство федерального президента** называют «яйцо президента». Все окна офисов расположены так, что смотрят в парк.

Spreeweg 1
www.bundespraesident.de

▷ Станция (S) Bellevue, автобус 100

Когда-то дворец прусского принца-регента, теперь резиденция федерального президента: дворец Бельвю

Раскинулся в зеленом окружении: дворец идиллически расположен в парке Тиргартен

«Яйцо президента»: офисы сотрудников главы государства расположены в Ведомстве федерального президента неподалеку от дворца

(Сверху по часовой стрелке)

Schloss Charlottenburg
Дворец Шарлоттенбург

Неподалеку от Сити Вест расположен самый крупный в Берлине дворцовый комплекс. В этом барочном дворце нашла отражение многогранная история рода Гогенцоллернов. В соседстве с прусской резиденцией находятся высококлассные музеи с коллекциями классического модерна.

Центральная часть дворца, фронтон с одиннадцатью окнами, была построена в 1695–99 гг. Йоганном Арнольдом Нерингом. Здание использовалось под летнюю резиденцию курфюрстины Софии Шарлотты (1668–1705), именем которой и назван дворец. В 1701–12 гг. он был расширен зодчим Йоганном Фридрихом Еозандром фон Гёте; появились венчающая башня, два боковых флигеля, а также оранжерея на западной стороне.

В pendant к ней прусский король Фридрих Великий (1712–86) добавил на восточной стороне

Spandauer Damm 10–22
Старый дворец: вт.–вс. с 10 до 18 часов, нояб.–март до 17 часов
Новый флигель: ср.–пн. с 10 до 18 часов, нояб.–март до 17 часов
Тел. 32 09 11; www.spsg.de

Музей Берггруен
Schloßstraße 1

Собрание Шарфа-Герстенберга
Schloßstraße 70
Вт.–вс. с 10 до 18 часов

Оба музея: тел. 266 42 42 42; www.smb.museum

Музей Брёана
Schloßstraße 1a
Вт.–вс. с 10 до 18 часов
Тел. 32 69 06 00; www.broehan-museum.de

▷ Станция (U) Richard-Wagner-Platz, автобус M 45

Величественная резиденция прусских королей: дворец Шарлоттенбург

Изысканное барокко: дворец и парк сливаются в великолепный единый ансамбль

Уникальное собрание королей: Фарфоровый кабинет во дворце Шарлоттенбург

(Сверху по часовой стрелке)

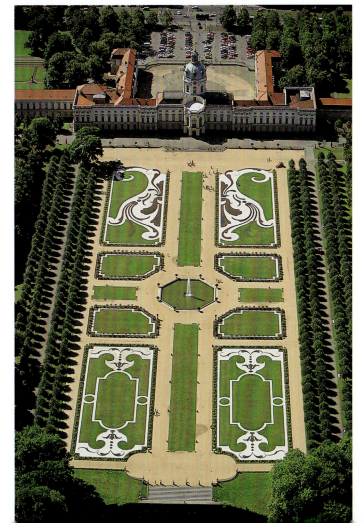

новый флигель (1740–46) по проекту Венцеслауса фон Кнобельсдорфа. Впоследствии к оранжерее по проекту Карла Готтгарда Лангханса пристроили театр (1788–91).

Залы дворца оформлены в разнообразных стилях: барокко, рококо и классицизм. В парке можно наслаждаться барочным садовым искусством. На обширной территории расположен **мавзолей** с усыпальницей любимой народом королевы Луизы (1776–1810) и др. Созданная в 1700 г. Андреасом Шлютером **конная статуя Великого курфюрста** во дворе, считается одним из самых значительных произведений барокко. Визави дворцу на ул. Шлоссштрассе расположены три известных музея: **Музей Берггруен** с большим собранием Пикассо, **собрание Шарфа-Герстенберга** с полотнами сюрреалистов, а также **Музей Брёана** с коллекцией прикладного искусства Ар-нуво, Ар-деко и функционализма.

Шедевр Кристиана Даниэля Рауха: надгробный памятник королевы Луизы в мавзолее Шарлоттенбурга

Быть на коне: конная статуя Великого курфюрста перед дворцом

Современный интерьер в старых стенах: лестничный проем в музее Берггруен

Визави дворцу в здании Штюлера: музей Берггруен с великолепным собранием Пикассо

(Сверху по часовой стрелке)

Schloss Köpenick
Дворец Кёпеник

Кто любит дворцы, может поехать на окраину Берлина, в Кёпеник. Дворец в старом центре Кёпеника является самым значительным сооружением времен Великого курфюрста Фридриха Вильгельма (1620–88). В 1677–90 гг. его расширили для наследника Фридриха III (1657–1713), ставшего позже первым королем Пруссии. Зодчий Рутгер ван Лангерфельт спроектировал дворец на полуострове в стиле голландского барокко. Визави к нему Йоганн Арнольд Неринг в 1685 г. воздвигнул придворную церковь. Сегодня этот дворец служит **Музеем прикладного искусства**, в котором наибольшее впечатление производят драгоценные предметы Гогенцоллернов, а также богато украшенный Гербовый зал 1685 г.

В 1730 г. здесь имело место знаменательное событие: суд над кронпринцем Фридрихом (1712–86), известным позже как «Великий», который обвинялся в дезертирстве из-за планов побега в Англию. Он был помилован, в то время как на его глазах казнили его друга и помощника лейтенанта фон Катте. За пределами Берлина Кёпеник получил известность благодаря проделке сапожника Вильгельма Фойгта, сумевшего в 1906 г. обманом забрать кассу **ратуши**. На месте преступления знаменитого «капитана из Кёпеника» открыта выставка.

> **Музей прикладного искусства**
> Schlossinsel 1
> Вт.–вс. с 10 до 18 часов
> Тел. 266 42 42 42, www.smb.museum
>
> **Ратуша Кёпеник**
> Alt-Köpenick 21
> Пн.–пт. с 10 до 18 часов
>
> ▷ Станция (S) Köpenick или Spindlersfeld, далее трамваем 60, 62

Расположенный на полуострове неподалеку от старого центра Кёпеника: дворец Кёпеник

Легендарный: в честь «капитана из Кёпеника» была поставлена статуя перед ратушей

Гербовый зал, богато украшенный фарфором Фридриха Великого: дворец служит музеем прикладного искусства

(Сверху по часовой стрелке)

Siegessäule
Колонна Победы

Колонна Победы на пл. **Гроссер Штерн** – один из самых знаменитых символов Берлина помимо Бранденбургских ворот и телебашни. Свою сегодняшнюю известность 69-метровый цилиндр получил не в последнюю очередь благодаря технопараду Love Parade, завершение которого многие годы происходило на площади перед колонной Победы.

Воздвигнута колонна была изначально для прославления милитаризма. Спроектированный Йоханом Хайнрихом Штраком монумент (поставлен в 1865–73 гг.) призван был напоминать о победах Пруссии над Данией, Австрией и Францией в 1864, 1866 и 1870–71 годах. Поэтому колонна отделана золочеными пушечными стволами. Цветная мозаика Антона фон Вернера на цоколе прославляет франко-прусскую войну и основание Германской империи в 1871 г.

У 8,32-метровой статуи крылатой богини Победы, выполненной Фридрихом Драке, героическая поза. Правда, берлинцы не очень ценят национальные символы и пренебрежительно именуют ее «Золотце». Чтобы забраться на вершину колонны, необходимо преодолеть 285 ступенек. Сверху открывается великолепный вид на самый большой берлинский парк → **Тиргартен** и на соседний → **дворец Бельвю**.

Großer Stern
Апр.–окт. пн.–пт. с 9.30 до 18.30 часов, сб.–вс. до 19 часов; ноя.–март пн.–пт. с 10 до 17 часов, сб.–вс. до 17.30 часов

▷ Автобус 100

Символы основания империи: памятник Бисмарку 1901 г. и колонна Победы

Вид на Тиргартен сверху: Колонна Победы перед Ведомством федерального президента и дворец Бельвю

Прославленные победы Пруссии: барельефы на цоколе Колонны Победы напоминают о битвах с Данией, Австрией и Францией

(Сверху по часовой стрелке)

Tempelhofer Flugfeld
Аэродром Темпельхоф

Он является легендой и вписан в историю гражданской авиации: бывший **аэродром Темпельхоф**, прадедушка всех аэропортов Германии. Открытый в 1923 г., он стал вскоре самым оживленным аэропортом в Европе. Сегодняшний его комплекс возведен в 1936–41 гг. по планам Эрнста Загебиля. Гигантское сооружение – архитектурное свидетельство эпохи национал-социализма. Во время блокады Западного Берлина в 1948–49 гг. здесь почти ежеминутно приземлялись так называемые «изюмные бомбардировщики», на которых западные союзники доставляли в закрытый город продовольствие.

Осенью 2008 г. бесповоротно закончилась эксплуатация аэропорта по прямому назначению. Памятник пассажирской авиации используется с тех пор в других целях – здесь устраиваются разнообразные культурные мероприятия, а также показы мод. Обширное поле – самая большая открытая площадка Берлина, и бывшие взлетно-посадочные полосы являются настоящей меккой для велосипедистов, лендкайтингистов и гуляющих. На севере поле граничит с типичным берлинским районом с домами грюндерской эпохи. Вдоль ул. **Бергманнштрассе** и на пл. **Мархайнекеплатц** в кафе и ресторанах можно встретить представителей молодежной субкультуры. На ул. Колумбиадамм расположена самая крупная берлинская мечеть. Выполненная в классическом османском стиле, **мечеть Сехитлик** была открыта в 2005 г.

Пешеходы вместо самолетов: бывшая взлетно-посадочная полоса аэродрома Темпельхоф

Сегодня здесь можно летать только по земле: кайтингисты на поле

Ислам является частью Берлина: мечеть Сехитлик расположена около турецкого кладбища неподалеку от аэродрома

Больше отсюда никто не улетает: с 2008 г. в терминале аэродрома царит покой

(Сверху по часовой стрелке)

Platz der Luftbrücke

▷ Станция (U) Platz der Luftbrücke

Мечеть Сехитлик
Columbiadamm 128
Тел. 692 11 18; www.sehitlik-camii.de

▷ Автобус 104

Tiergarten
Тиргартен

Берлин – по-особому зеленая столица. Самый большой и одновременно самый старый парк в городе – Тиргартен. Вокруг этого расположенного в центре оазиса с гигантским ареалом в 210 гектаров встречаются многочисленные достопримечательности.

Зеленое 500-летнее пространство служило охотничьим угодьем для знати до 1718 г. При Фридрихе Великом (1712–86) оно было превращено в парк. Характерный внешний вид Тиргартена, близкий естеству природы, был решен ландшафтным архитектором Петером Йозефом Ленне: в 1833–39 гг. он спроектировал публичный парк в английском стиле. Высаженные в саду в послевоенное время кустарники рододендрона, придали ему околдовывающую атмосферу. Еще при Фридрихе Великом были разбиты в барочном стиле площадка Флораплатц и пруд с золотыми рыбками на юго-западе от → **Бранденбургских ворот**. В 1906 г. на Флораплатц была поставлена бронзовая амазонка. В том же году около пруда воздвигнут памятник Бетховену, Гайдну и Моцарту. Завораживающе оформлен Луизенинзель с поставленной в 1880 г. статуей харизматической королевы Луизы. На южной оконечности парка стоит также производящий впечатление памятник Вагнеру (1903). На ул. Эбертштрассе находится памятник Гёте (1880), а на площади Гроссер Штерн → **колонна Победы**. Монументом современности можно считать

Архив Баухауса
Klingelhöferstraße 14
Ср.–пн. с 10 до 17 часов
Тел. 254 00 20; www.bauhaus.de

▷ Автобус 100, 200
▷ Парк: станция (S) Tiergarten или Bellevue, Станция (S и U) Brandenburger Tor

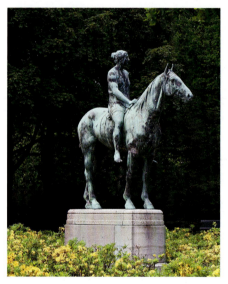

Огромный оазис посреди города: Тиргартен

Необарокко: памятник композиторам, выполненный Рудольфом Зимерингом

Апофеоз садового искусства: Луизенинзель на южной оконечности парка

Увеличенная копия: «Амазонка» Луи Туальона на Флораплатц – оригинал находится на Острове музеев

(Сверху по часовой стрелке)

Дом мировых культур на северной стороне парка. Зал конгрессов на ул. Джон-Фостер-Даллес-аллее в 1957 г. спроектировал американский архитектор Хью Стаббинс.

Южнее парка раскинулся городской **район Тиргартен**. В 2000 г. тут возник посольский квартал с экстравагантной архитектурой всего мира. **Архив Баухауса** на Ландвер-канале освещает историю эпохальной деятельности этой художественной школы, существовавшей в 1919–33 гг. Основатель Баухауса Вальтер Гропиус спроектировал музей, представляющий архитектуру, дизайн и искусство знаменитой кузницы идей.

«Беременная устрица»: Дом мировых культур, а перед ним скульптура Генри Мура «Large Butterfly»

Спроектирован *Вальтером Гропиусом: Архив Баухауса*

Восточная экзотика в районе Тиргартен: посольство Объединенных Арабских Эмиратов

Необычный фасад: посольство Мексики

(Сверху по часовой стрелке)

Unter den Linden
Унтер-ден-Линден

Пышный бульвар современной столицы и сердце прежней столицы Пруссии: улица Унтер-ден-Линден – это старейший бульвар, протянувшийся от → **Бранденбургских ворот** до моста Шлоссбрюке перед → **Берлинским Домским собором**. Первые деревья были высажены в 1647 г. по приказу Великого курфюрста Фридриха Вильгельма (1620–88). По центру 60-метровой в ширину улицы проходит аллея, с восточной стороны которой установлена **конная статуя Фридриха Великого** (ее в 1840–51 гг. выполнил Кристиан Даниэль Раух). Этому монарху, прозванному «Старым Фрицем», бульвар Унтер-ден-Линден обязан своим великолепием.

После 1740 г. на нынешней пл. Бебельплатц был возведен **Форум Фридерицианум**: Государственная опера, католический собор св. Ядвиги, Королевская библиотека и здание, в котором сейчас размещается Университет им. Гумбольдта. **Государственная опера** (1742 г., архитектор Кнобельсдорф) была перестроена после пожара 1843 года Карлом Готтгардом Лангхансом младшим. По образцу римского Пантеона выполнен берлинский епархиальный **собор св. Ядвиги** (1747–73). В выстроенной с размахом **Королевской библиотеке** (1780) размещается сегодня один из институтов университета. В 1766 г. к существующим постройкам прибавился дворец

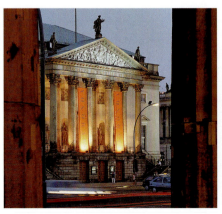

> **Германский исторический музей**
> Unter den Linden 2
> Ежедневно с 10 до 18 часов
> Тел. 20 30 44 44; www.dhm.de
>
> **Собор св. Ядвиги**
> Bebelplatz
> Пн.–сб. с 10 до 17 часов, вс. с 13 до 17 часов
> Тел. 203 48 10; www.hedwigs-kathedrale.de

▷ Станция (S и U) Brandenburger Tor, автобус 100, 200

Пышный бульвар: улица Унтер-ден-Линден пролегла от Люстгартена (справа) до Бранденбургских ворот

Самый известный прусский монарх: конная статуя Фридриха Великого

Туристы на прусском бульваре: здесь, под липами, можно отдохнуть

Самое старое театральное здание Пруссии: Государственная опера Унтер-ден-Линден

(Сверху по часовой стрелке)

брата Фридриха II, в котором с 1810 г. находится **Университет им. Гумбольдта**.

Еще до этого строительного бума появился **Цейхгауз** (1695–1731 гг., архитектор Андреас Шлютер и др.). К барочному зданию у моста Шлоссбрюке, в котором сегодня размещается **Германский исторический музей**, в 2003 г. была сделана пристройка по проекту американского архитектора Иео Минг Пэй. Рядом с Цейхгаузом стоит **Новая вахта** работы Карла Фридриха Шинкеля (1818), сегодня национальный мемориал с «Пьетой» Кете Кольвиц. Шинкель был также и автором открытого в 1824 г. моста **Шлоссбрюке** с восемью мраморными статуями, ведущий к о. Шпрееинзель. Достойны внимания также **дворец кронпринца** (№ 3), перестроенный в классицистском стиле в 1857 г., и **Старая государственная библиотека** (№ 8), выстроенная в 1914 г. по проекту Эрнста фон Ине. Пышным послевоенным сооружением является **посольство Российской Федерации** (№ 55–65), наследство бывшего Советского Союза.

Два в одном: Германский исторический музей состоит из Пэй-пристройки 2003 г. и Цейхгауза, самого старого здания на Унтер-ден-Линден

Назван в честь братьев Александра и Вильгельма фон Гумбольдт: самый старый университет Берлина

Сегодня национальный мемориал жертв войны и диктатуры: Новая вахта Шинкеля

Прозвана «комодом»: Королевская библиотека на пл. Бебельплатц, сегодня часть Гумбольдтского университета

(Сверху по часовой стрелке)

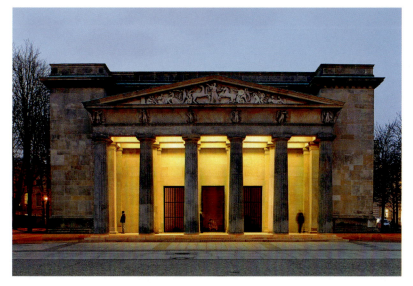

Wilhelmstraße
Вильгельмштрассе

На ул. Вильгельмштрассе, идущей от → **Правительственного квартала** на юг, размещались прежде правительственные учреждения Германии. Этот официальный с эпохи Бисмарка район был превращен во времена нацистской диктатуры в центр ее власти.

Свидетельством этой темной страницы истории служит огромный комплекс бывших государственных учреждений южнее ул. Лейпцигер штрассе: в отстроенном в 1935–36 гг. по планам Эрнста Загебиля здании имперского министерства авиации готовилась Вторая мировая война, сегодня в этом сооружении, известном как **Детлеф-Роведдер-Хаус**, размещается федеральное министерство финансов.

На находящейся рядом территории размещалось прежде руководство СС и Гестапо. В частично сохранившихся подвалах с камерами для политзаключенных расположен сейчас мемориал **Топография террора**, рассказывающий о диктатуре 1933–45 гг.

Уцелевшая часть Берлинской стены вдоль ул. Нидеркирхер штрассе наглядно демонстрирует связь между Второй мировой войной и разделением Германии.

В здании **Мартин-Гропиус-Бау** (1877–81), богато украшенном мозаикой и терракотой, устраиваются сменные выставки.

Топография террора
Niederkirchnerstraße 8
Ежедневно с 10 до 20 часов
Тел. 25 45 09 50; www.topographie-des-terrors.de

Мартин-Гропиус-Бау
Niederkirchnerstraße 7
Ср.–пн. с 10 до 19 часов
Тел. 25 48 60; www.gropiusbau.de

▷ Станция (U) Mohrenstraße

Наследство гедеэровского режима: остатки Берлинской стены на ул. Нидеркирхнерштрассе

Наследство гитлеровского режима: в здании Детлеф-Роведдер-Хаус размещается теперь федеральное министерство финансов

Экспозиция о преступной системе нацистской диктатуры: Топография террора

Уникальный памятник архитектуры: здание Мартин-Гропиус-Бау

(Сверху по часовой стрелке)

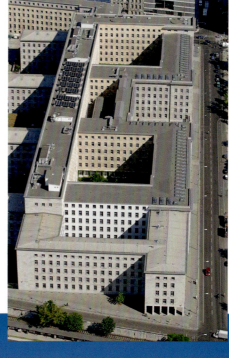

Zitadelle Spandau
Цитадель Шпандау

Единственная сохранившаяся в северной Европе ренессансная крепость находится в Шпандау – бывшем во времена строительства еще самостоятельным городом у ворот Берлина. Цитадель Шпандау, самое старое некультовое сооружение Берлина, получила свой нынешний облик в XVI в., отдельные же фрагменты еще старше. Так, башня Юлиустурм относится к началу XIII в., жилое помещение, так называемый Палас – к XIV в. Кроме того, можно увидеть раскопки стоявшей на этом месте славянской крепости XI в. Зодчий Карл Фридрих Шинкель в 1838 г. украсил 30-метровую башню венцом из зубцов.

Мощные укрепления при впадении Шпрее в Хафель должны были защищать торговый путь, ведший из Рейнланда через Магдебург и Шпандау в Польшу. Курфюрст Йоахим II Гектор (1535–71) решил расширить цитадель, чтобы защитить растущий Берлин. С 1578 г. строительными работами руководил граф Рохус цу Линар, специалист по крепостным сооружениям. Один единственный раз эта очень совершенная для своего времени крепость с четырьмя остроугольными бастионами оказалась в очаге боевых действий: в 1813 г. здесь укрепились части наполеоновской армии, атакованные пруссаками.

Сегодня цитадель, окруженная рвом с водой, используется для культурных мероприятий. На территории находятся музеи истории крепости и истории Шпандау.

Am Juliusturm 64
Ежедневно с 10 до 17 часов
Тел. 345 94 40; www.zitadelle-spandau.de

▷ Станция (U) Zitadelle

Обед в старонемецкой обстановке: ресторан Zitadellen Schänke

Созданы в эпоху Ренессанса: княжеские покои в надвратной башне

Живописно: подход к цитадели со средневековой башней Юлиустурм

Самое старое светское здание Берлина: цитадель Шпандау

(Сверху по часовой стрелке)

Zoologischer Garten
Зоологический сад

Наверное, потому что берлинцы так сильно любят животных, богатый традициями зоологический сад расположен в центре Сити Вест. Около 17 000 зверей живут на ареале в 34 гектара неподалеку от одноименного вокзала и → **церкви Поминовения императора Вильгельма**. Со своими 1552 видами животных (включая **аквариум**) зоологический сад относится к самым богатым и интересным зоопаркам мира. Не забыть белого медвежонка Кнута (2006–11), ставшего сразу после рождения всемирно известным.

Зверинец был организован в 1844 г. по инициативе естествоиспытателей Александра фон Гумбольдта и Мартина Лихтенштайна и стал первым зоопарком Германии. С помощью ландшафтного архитектора Петера Йозефа Ленне и знаменитых зодчих была разбита очень привлекательная территория с вольером для антилоп (1872) и Персидской башней (1910) для однокопытных. **Львиные ворота** при входе с пл. Харденбергплатц и **Слоновые ворота** при входе с ул. Будапештер штрассе – своего рода маленькие произведения искусства начала XX века.

Любимец берлинцев: панда в зоологическом саду

Примечательный вход в зоопарк: Слоновые ворота

Достаточно места: жирафы хорошо устроились в просторном вольере

Сверхсовременное жилище: бегемотник

(Сверху по часовой стрелке)

Budapester Straße 32
Hardenbergplatz 8
С 26 марта по 14 окт. ежедневно с 9 до 19 часов; с 15 окт. по 25 марта ежедневно с 9 до 17 часов

Аквариум
Budapester Straße 32
Ежедневно с 9 до 18 часов

Тел. 25 40 14 00; www.zoo-berlin.de

▷ Станция (S и U) Zoologischer Garten, автобус 100

Тиргартен 117

Справки и информация

КОД БЕРЛИНА

При всех звонках в Берлин из-за его пределов необходимо набирать код: 030.

ИНФОРМАЦИЯ О БЕРЛИНЕ

Лучшая и наиболее полная информация по Берлину содержится на столичном портале www.berlin.de. Этот вебсайт, который читается также и по-английски, предоставляет информацию о гостиницах, размещении, транспорте, развлечениях, актуальных событиях и многом другом. Полную информацию и прямое содействие (как, например, при заказе гостиницы или автобусной экскурсии) можно получить в агентстве Berlin Tourist Information на сайте www.berlin-tourist-information.de (многоязычный). Получить необходимую информацию, забронировать билеты или зарезервировать номер в гостинице можно также по телефону: 25 00 25.

Кроме того, имеются три BERLIN-информационных офиса: у Бранденбургских ворот (южное крыло, пл. Pariser Platz, ежедневно с 10 до 18 часов, с апреля до октября часы работы продлены), на Главном вокзале (вход с пл. Europa Platz, ежедневно с 8 до 22 часов) и в Сити Вест (Neues Kranzler-Eck, ул. Kurfürstendamm 21, Passage, пн.–сб. с 10 до 20 часов, вс. с 10 до 18 часов).

ГОСТИНИЦЫ

Помимо Berlin Tourist Information и вебсайта www.berlin.de (см. выше), большой выбор гостиниц для резервирования представлен на сайте www.berlin-hotelverzeichnis.de. В Берлине имеется широкий выбор комнат всех категорий. По сравнению с другими столицами цены на гостиницы в Берлине скорее ниже (в среднем 60 € за одноместный номер).

АКТУАЛЬНЫЕ РЕКОМЕНДАЦИИ

Два журнала о городе – Tip и Zitty – каждые 14 дней публикуют полную программу культурных событий и развлечений (кино, концерты, ночная жизнь и т.д.). Точные адреса всего происходящего, а также адреса ресторанов помещены в Интернете на сайте www.tip-berlin.de и www.zitty.de. Хороший обзор происходящего можно найти и на сайтах: www.berlin030.de или www.berlinonline.de.

БИЛЕТЫ

На сайтах www.berlin.de (Kultur & Tickets) и www.berlinonline.de можно заказать билеты на все культурные мероприятия. Билеты, помимо прочего, имеются также в офисах: Berlin Tourist (см. раздел «Информация о Берлине»), Hekticket (ул. Karl-Liebknecht-Straße 12, 10178, р-н Митте, тел. 230 99 30, www.hekticket.de), на вокзале Александерплатц на цокольном этаже (ул. Dircksenstraße, 10178, р-н Митте) и в театральной кассе Ber-Ticket.de на вокзале Фридрихштрассе (выход к ул. Reichstagufer, 10177, р-н Митте, тел. 22 48 73 25).

ПЕРВАЯ ПОМОЩЬ, БЮРО НАХОДОК

Полиция: тел. 110; скорая помощь/пожарные/служба спасения: тел. 112; дежурный врач/дежурная аптека: тел. 31 00 31; справочная: тел. 118 33; центральное бюро находок (пл. Platz der Luftbrücke 6, 12101, р-н Темпельхоф): тел. 75 60 31 01; бюро находок BVG (ул. Potsdamer Straße 180–182, 10783, р-н Шенеберг): тел. 194 49.

ЭКСКУРСИИ ПО ГОРОДУ

Автобусные экскурсии

Большинство автобусных экскурсий отправляется с пл. Александерплатц (Alexanderstraße), с пл. Брайтшайдплатц (между ул. Meinecke и ул. Rankestraße) и ул. Унтер-ден-Линден/угол ул. Friedrichstraße. Экскурсия с так называемым City-Circle-Sightseeing предполагает 14 остановок, на каждой из которой можно по желанию выйти, а затем продолжить экскурсию на одном из других автобусов, курсирующих каждые 15 минут.

Речные экскурсии

Имеется большой выбор экскурсий по Берлину на теплоходах – от маршрутов в центре до поездок на целый день, включающих пригороды. Самые важные здесь пристани (с расписанием) в центре города: мост Janno-

witzbrücke, мост Schlossbrücke (на Унтер-ден-Линден), собор Berliner Dom, мост Weidendammer Brücke (на Фридрихштрассе), мост Moltkebrücke (на главном вокзале) и мост Charlottenburger Schlossbrücke (на набережных Bonhoefferufer и Charlottenburger Ufer). В районах вне центра это: ул. Greenwichpromenade в Тегеле, Ваннзее в Целендорфе.

Так как предложений и пристаней очень много, мы советуем поточнее справиться о маршрутах непосредственно у судоходных компаний. Наиболее крупные из них – Sternschifffahrt и Kreisschifffahrt (тел. 536 36 00), а также Riedel (тел. 693 46 46).

Пешие экскурсии

Из изобилия возможностей (есть как классические маршруты по достопримечательностям, так и тематические экскурсии) здесь предлагается лишь небольшой выбор экскурсий:
www.berlinkompakt.com (тел. 746 94 419), www.berlin-erleben-info.de (тел. 86 31 36 46), www.berlin-entdecken.de (тел. 31 80 37 05).

Экскурсии на английском предлагает www.berlinwalks.de (тел. 301 91 94).

Насчет экскурсий с индивидуально составленными маршрутами советуем обратиться на: www.jodock.de (тел. 61 28 05 37) и www.minoy.de (тел. 75 47 95 17).

Существуют также велосипедные экскурсии по городу: www.berlinonbike.de (тел. 43 73 99 99), www.fahrradstation.de (тел. 28 38 48 48); на английском: www.fattirebiketoursberlin.com (тел. 24 04 79 91).

ГОРОДСКОЙ ТРАНСПОРТ

Городская электричка (S-Bahn), метро (U-Bahn), трамвай и автобус

Берлин располагает тесно переплетенной сетью городского транспорта. Через весь город пролегают линии метро (U-Bahn), городской электрички (S-Bahn), трамваев и автобусов. К этому надо прибавить линии региональных поездов, следующих в пригороды. На остановках расположены схемы движения по линиям. От 1 часа ночи движение осуществляют линии ночного автобуса (следуют примерно каждые полчаса), узловыми пунктами для них являются вокзалы Hackescher Markt и Zoologischer Garten. По субботам и воскресениям ночью работают и самые важные линии метро и городской электрички.

На всех видах городского транспорта можно проехать с одним билетом. Вся транспортная сеть разбита на три тарифные зоны (A = центр, B = центр и другие районы, C = центр, другие районы и пригороды).

Перед поездкой билет следует обязательно прокомпостировать.

Для туристов существуют и такие привлекательные тарифы, как, например, CityTourCard, действительный в течение 48 или 72 часов по всему городу (зоны A и B) и включающий предоставление скидки при посещении 30 разных культурных и туристических объектов. Билет CityTourCard 48 стоит около 17 €, CityTourCard 72 – около 23 €. Немного дороже билет WelcomeCard (зоны A и B плюс 200 специальных предложений): 48 часов стоит примерно 18 €, 72 часа – 24 €. Кроме того, существует билет на пять дней за 31 € или за 36 €, в зависимости от зоны.

Автобусы маршрутов 100 и 200 следуют мимо главных туристических объектов в центре города и поэтому очень удобны, чтобы бросить на него первый взгляд. Информацию о городском транспорте можно получить на сайтах www.bvg.de (BVG, тел. 194 49) и www.s-bahn-berlin.de (S-Bahn, тел. 29 74 33 33).

Велотакси

Кроме обычных такси, по городу курсируют также велотакси. Современные велорикши совершают поездки по четырем маршрутам (Kurfürstendamm, Tiergarten, Potsdamer Platz, Unter den Linden). За отдельную плату можно совершить поездку по индивидуальному маршруту (тел. 0800/83 56 82 94, www.velotaxi.de).

Автомобиль

Центр Берлина целиком закрыт для въезда автомобилей с высоким содержанием вредных веществ в выхлопе.

Здесь могут ездить лишь машины, которые имеют зеленую плакетку, свидетельствующую о безвредном выхлопе. Мопеды, мотороллеры и инвалидные машины не подпадают под это правило. Такая плакетка необходима также и для автомобилей из-за рубежа, если они въезжают в эту зону, обозначенную специальными указателями. В нее входит центр Берлина, граничащий с кольцевой линией городской железной дороги, исключая городской автобан.

Фирмы, предлагающие автомобили на прокат, можно найти на сайте www.berlin.de.

Велосипед

Помимо частных велосипедных прокатных пунктов (например: Fahrradstation, ул. Dorotheenstraße 30, тел. 28 38 48 40, www.fahrradstation.com) в Берлине существует также Call a Bike – прокат велосипедов, осуществляемый Дойче Бан (Немецкой железной дорогой). Более точную информацию можно прочитать на сайте www.callabike-interaktiv.de , заявки также по тел. 070 00/522 55 22. Велосипед Call a Bike можно взять в важнейших точках города.

КУЛЬТУРА

Театр

Берлин известен разнообразием театрального мира, соединяющим в себе как традиционное, так и экспериментальное. К важнейшим театральным подмосткам (помимо многочисленных театров миниатюр) относится драматический театр *Berliner Ensemble* (пл. Bertolt-Brecht-Platz 1, 10117, р-н Митте, www.berliner-ensemble.de) под руководством Клауса Паймана. *Deutsches Theater* (ул. Schumannstraße 13a, 10117, р-н Митте, www.deutschestheater.de) имеет самую давнюю традицию. Любимцем у публики является небольшой *Maxim Gorki Theater* (ул. Am Festungsgraben 2, 10117, р-н Митте, www.gorki.de). Новые дороги ищет театр *Schaubühne* (ул. Kurfürstendamm 153, 10709, р-н Вильмерсдорф, www.schaubuehne.de). Всегда покажет что-нибудь новаторское театр *Volksbühne* (пл. Rosa-Luxemburg-Platz 2, 10178, р-н Митте, www.volksbuehne-berlin.de). Первым адресом для нетрадиционных постановок будет театр *Hebbel am Ufer*, прозванный HAU (ул. Stresemannstraße 29, 10963, р-н Кройцберг, www.hebbel-am-ufer.de).

Программу в бульварных традициях предлагают *Theater am Kurfürstendamm* (ул. Kurfürstendamm 209, 10719, р-н Шарлоттенбург, www.theater-am-kurfuerstendamm.de) и *Renaissance-Theater* (ул. Knesebeckstraße 100, 10623, Charlottenburg, www.renaissance-theater.de).

Легендарным театром для детей и юношества является *Grips Theater* (ул. Altonaer Straße 22, 10557, р-н Митте, www.grips-theater.de).

Кабаре, варьете, мюзикл

Большие, коммерческого размаха, залы: *Theater am Potsdamer Platz* (пл. Marlene-Dietrich-Platz 1, 10785, р-н Митте, www.stage-entertainment.de), *Theater des Westens* (ул. Kantstraße 12, 10623, р-н Шарлоттенбург, www.stage-entertainment.de) и *Friedrichstadtpalast* (ул. Friedrichstraße 107, 10117, р-н Митте, www.friedrichstadtpalast.de). Театрами политической сатиры являются *Distel* (ул. Friedrichstraße 101, 10117, р-н Митте, www.distel-berlin.de), *Die Stachelschweine* (Europacenter, ул. Tauentzienstraße, 10789, р-н Charlottenburg, www.diestachelschweine.de) и *Die Wühlmäuse* на пл. Theodor-Heuss-Platz (Pommernallee 2, 14052, Charlottenburg, www.wuehlmaeuse.de). Первоклассное варьете можно увидеть в *Admiralspalast* (ул. Friedrichstraße 101, 10178, р-н Митте, www.admiralspalast.de), в *Bar jeder Vernunft* (ул. Schaperstraße 24, 10719, р-н Вильмерсдорф, www.bar-jeder-vernunft.de), в *BKA-Theater* (ул. Mehringdamm 32–34, 10961, р-н Кройцберг, www.bka-theater.de), в варьете *Chamäleon-Varieté* (Hackesche Höfe, ул. Rosenthaler Str. 40/41, 10178, р-н Митте, www.chamaeleonberlin.de), в *Quatsch Comedy Club* (ул. Friedrichstraße 107, 10117, р-н Митте, www.quatschcomedyclub.de) и в *Tipi am Kanzleramt* (ул. Große Querallee, 10557, р-н Тиргартен, www.tipi-am-kanzleramt.de).

Классическая музыка, опера, танцы

К важнейшим концертным залам мира принадлежат *Philharmonie* и *Kammermusiksaal* (ул. Herbert-von-Karajan-Straße 1, 10785, р-н Митте, www.berliner-philharmoniker.de). Очень солидный – *Konzerthaus Berlin* (пл. Gendarmenmarkt 2, 10117, р-н Митте, www.konzerthaus.de). *Deutsche Oper* является самой большой в Берлине (ул. Bismarckstraße 35, 10585, р-н Шарлоттенбург, www.deutscheoperberlin.de), самой старой – *Staatsoper* (ул. Unter den Linden 7, 10117, р-н Митте, из-за ремонта до 2014 г. выступает в помещении театра *Schillertheater*, ул. Bismarckstraße 100, 10585, р-н Шарлоттенбург, www.staatsoper-berlin.de). Легкую духовную пищу – оперетту – предоставляют *Komische Oper* (ул. Behrenstraße 55–57, 10117, р-н Митте, www.komische-oper-berlin.de) и *Neuköllner Oper* (ул. Karl-Marx-Straße 131–133, 12043, р-н Ной-

кёльн, www.neukoellneroper.de). Посмотреть первоклассный современный танец можно в *Kompanie Sasha Waltz* (www.sashawaltz.de).

Места представлений и мероприятий

Сменные выставки, культурные мероприятия и симпозиумы устраиваются в *Akademie der Künste* (пл. Pariser Platz, 4, 10117, р-н Митте, www.adk.de), в *Haus der Berliner Festspiele* (ул. Schaperstraße 24, 10719, р-н Вильмерсдорф, www.berlinerfestspiele.de), в *Haus der Kulturen der Welt* (ул. John-Foster-Dulles-Allee 10, 10557, р-н Митте, www.hkw.de), в *Radialsystem V* (ул. Holzmarktstraße 33, 10243, р-н Фридрихсхайн, www.radialsystem.de) и в *Urania* (ул. An der Urania, 10787, р-н Шёнеберг, www.urania-berlin.de). Дворцами, в которых устраиваются попконцерты и другие подобные представления, являются *Arena Berlin* (ул. Eichenstraße 4, 12435, р-н Трептов, www.arena-berlin.de), *Columbiahalle* (ул. Columbiadamm 13–21, 10965, р-н Темпельхоф, www.columbiahalle.de), *Estrel Berlin* (ул. Sonnenallee 225, 12057, р-н Нойкёльн, www.estrel.com), *Internationales Congress Centrum ICC* (ул. Messedamm 11, 14055, р-н Шарлоттенбург, www.icc-berlin.de), *Tempodrom* (ул. Möckernstraße 10, 10963, р-н Кройцберг, www.tempodrom.de), *Velodrom* (ул. Paul-Heyse-Straße 26, 10407, р-н Панков, www.velodrom.de) и *Arena am Ostbahnhof* (O_2-World-Halle, ул. Mildred-Harnack-Straße, 10243, р-н Фридрихсхайн, www.o2world-berlin.de). Концерты под открытым небом – от оперных до поп – устраивает Лесная арена *Waldbühne* (Am Glockenturm, 14053, р-н Шарлоттенбург, www.waldbuehne-berlin.de) и *Zitadelle* (Am Juliusturm 64, 13599, р-н Шпандау, www.zitadelle-spandau.de).

Главными берлинскими спортивными аренами являются *Arena am Ostbahnhof*, *Max-Schmeling-Halle* (Am Falkplatz/Gaudystraße, 10437, р-н Панков), *Velodrom* и *Olympiastadion* (Olympischer Platz 3, 14053, р-н Шарлоттенбург).

Кинотеатры

Помимо больших коммерческих кинотеатров, например, на пл. Александерплатц и на Потсдамской площади, некоторые кинозалы с успехом специализируются на показе некассовых кинофильмов со времен целлулоидного первооткрывательства, к таким относятся *Babylon* (пл. Rosa-Luxemburg-Platz 30, р-н Митте, www.yorck.de) и *Delphi* (ул. Kantstraße 12a, р-н Шарлоттенбург, www.yorck.de). Кинотеатр *Kino in den Hackeschen Höfen* проявляет смелость, показывая нетрадиционное кино (ул. Rosenthaler Straße 40/41, 10178, р-н Митте, www.hoefekino.de). Наиболее элегантно и красиво оформленным является кинотеатр *Astor* (ул. Kurfürstendamm 225, 10719, р-н Шарлоттенбург, www.astor-filmlounge.de), здание кинотеатра *International* (ул. Karl-Marx-Allee 33, 10178, р-н Митте, www.yorck.de) сохранило торжественный социалистический облик.

Музеи

Актуальную информацию о главных берлинских музеях и проведении выставок можно получить на сайте www.smb.museum.de.

Три главных места расположения музеев – *Museumsinsel* (10178, р-н Митте), *Kulturforum* (10785, р-н Тиргартен) и *Museumszentrum Dahlem* (ул. Lansstraße 8, 14195, р-н Целендорф). Получить справки и заказать билеты можно пн.–сб. с 9 до 16 часов по телефону 266 42 42 42 (service@smb.museum), а в сб.–вс. по телефонам 266 42 30 40, 830 14 38 или 20 90 55 77. На *Museumsinsel* находятся Altes Museum (ежедневно с 10 до 18 часов, в чт. до 22 часов), Alte Nationalgalerie (вт.–вс. с 10 до 18 часов, чт. до 22 часов), Bodemuseum (ежедневно с 10 до 18 часов, в чт. до 22 часов), Neues Museum (вс.–ср. с 10 до 18 часов, чт.–сб. до 20 часов) и Pergamonmuseum (ежедневно с 10 до 18 часов, в чт. до 21 часа). В *Kulturforum* находятся Gemäldegalerie (вт.–вс. с 10 до 18 часов, чт. до 22 часов), Kunstgewerbemuseum и Kupferstichkabinett (вт.–пт. с 10 до 18 часов, сб.–вс. с 11 до 18 часов), Musikinstrumentenmuseum (вт.–пт. с 9 до 17 часов, сб.–вс. с 10 до 17 часов) и Neue Nationalgalerie (вт.–пт. с 10 до 18 часов, чт. до 22 часов, сб.–вс. с 11 до 18 часов). В *Museumszentrum Dahlem* расположены Музеи искусства и культуры народов мира, Этнологический музей, Музей европейских культур и Музей искусства Восточной Азии (вт.–пт. с 10 до 18 часов, сб.–вс. с 11 до 18 часов).

Кроме того, из массы берлинских музеев можно порекомендовать (по алфавиту):

Bauhaus-Archiv о легендарной художественной школе (ул. Klingelhöferstraße 14, 10785, р-н Митте, ср.–пн. с 10 до 17 часов, www.bauhaus.de), *Berlinische Galerie* с произведениями берлинских художников с 1870 г. до современности (ул. Alte Jakobstraße 124–128, 10969, р-н Кройцберг, ср.–пн. с 10 до 18 часов, www.berlinischegalerie.de), *Bröhan-Museum* представляющий произведения дизайнеров до эпохи Баухауза (ул. Schloßstraße 1a, 14059, р-н Шарлоттенбург, вт.–вс. с 10 до 18 часов), *Brücke-Museum* с произведениями экспрессионизма (ул. Bussardsteig 9, 14195, р-н Целендорф, ежедневно с 11 до 17 часов, www.bruecke-museum.de).

Currywurst-Museum, музей сосисок карри, представляет это классическое берлинское блюдо (ул. Schützenstraße 70, 10117, р-н Митте, ежедневно с 10 до 22 часов, www.currywurstmuseum.de).

В *DDR-Museum* показан быт социалистического государства (ул. Karl-Liebknecht-Straße 1, 10178, р-н Митте, пн.–сб. с 10 до 20 часов, сб. с 10 до 22 часов, www.ddr-museum.de), в *Deutscher Dom* представлена история немецкого парламентаризма (пл. Gendarmenmarkt 1, 10117, р-н Митте, вт.–сб. с 10 до 18 часов, май–сент. до 19 часов), в *Deutsches Historisches Museum* показана вся история Германии (ул. Unter den Linden 2, 10117, р-н Митте, ежедневно с 10 до 18 часов). *Deutsches Technikmuseum* выставляет огромный набор технических экспонатов (ул. Trebbiner Straße 9, 10963, р-н Кройцберг, вт.–пт. с 9 до 17.30 часов, сб.–вс. с 10 до 18 часов, www.technikmuseum-berlin.de), входящий в его состав *Spectrum* демонстрирует научно-технические эксперименты (ул. Möckernstraße 26, р-н Кройцберг, открыт в те же часы, что и Музей техники). *Erotik-Museum* показывает эротические экспонаты всех времен и народов (ул. Joachimstaler Straße 4, 10623, р-н Шарлоттенбург, пн.–сб. с 9 до 24 часов, вс. с 11 до 24 часов, www.erotikmuseum.de).

Friedrichswerdersche Kirche превращена в музей классицистской архитектуры и скульптуры (Werderscher Markt, 10117, р-н Митте, ежедневно с 10 до 18 часов).

Музей современного искусства на *Hamburger Bahnhof* демонстрирует поп-арт, здесь устраиваются значительные выставки (ул. Invalidenstraße 50–51, 10557, р-н Митте, вт.–пт. с 10 до 18 часов, сб. с 11 до 20 часов, вс. с 11 до 18 часов). В *Heinrich-Zille-Museum* можно посмотреть рисунки этого берлинского художника-карикатуриста (ул. Propststr. 11, 10178, р-н Митте, ежедневно с 11 до 18 часов, апр.–окт. с 11 до 19 часов, www.heinrich-zille-museum.de). *Hugenottenmuseum* посвящен французским иммигрантам (пл. Gendarmenmarkt 5, 10117, р-н Митте, вт.–сб. с 12 до 17 часов, вс. с 11 до 17 часов).

Jüdisches Museum рассказывает 2000-летнюю историю еврейской культуры в Германии (ул. Lindenstraße 9–14, 10969, р-н Кройцберг, ежедневно с 10 до 20 часов, пн. 10 до 22 часов).

В *Käthe-Kollwitz-Museum* выставлены произведения этой художницы (ул. Fasanenstraße 24, 10719, р-н Шарлоттенбург, ежедневно с 11 до 18 часов). Ценные предметы Королевской фарфоровой мануфактуры можно найти в *KPM Welt* (ул. Wegelystraße 1, 10623, р-н Шарлоттенбург, пн.–сб. с 10 до 18 часов, www.kpm-berlin.de). *Kunstgewerbemuseum* во Дворце Кёпеник показывает драгоценности Гогенцоллернов эпохи барокко и рококо (ул. Schlossinsel 1, 12555, р-н Кёпеник, вт.–вс. с 10 до 18 часов).

В *Liebermann-Villa* выставлены произведения берлинского художника Макса Либермана (ул. Colomierstraße 3, 14109, р-н Целендорф, ср.–пн. с 11 до 17 часов, апр.–сент. с 10 до 18 часов, чт. до 20 часов, www.liebermann-villa.de). *Märkisches Museum* – своего рода краеведческий музей Берлина (ул. Am Köllnischen Park 5, 10179, р-н Митте, вт.–вс. с 10 до 18 часов, www.stadtmuseum.de). В *Museum für Film und Fernsehen* можно увидеть великих актеров былых времен (ул. Potsdamer Straße 2, 10785, р-н Митте, вт.–вс. с 10 до 18 часов, чт. до 20 часов). *Museum für Fotografie* располагает фондом фотографа Хельмута Ньютона (ул. Jebensstraße 2, 10623, р-н Шарлоттенбург, вт.–вс. с 10 до 18 часов, чт. до 22 часов, www.smb.museum). В *Museum für Kommunikation* представлена история почты (ул. Leipziger Straße 16, 10117, р-н Митте, ср.–пт. с 9 до 17 часов, вт. до 20 часов, сб.–вс. с 10 до 18 часов, www.mfk-berlin.de). *Museum für Naturkunde* показывает динозавров, кристаллы и метеориты (ул. Invalidenstraße 43, 10115, р-н Митте, вт.–пт. с 9.30 до 18 часов, сб.–вс. с 10 до 18 часов). В *Nikolaikirche* можно увидеть культовое искусство средневековья (пл. Nikolaikirchplatz, 10178, р-н Митте, ежедневно с 10 до 18 часов). В *Nolde-Stiftung* выставлены произведения художника Эмиля Нольде (ул. Jägerstraße 55, 10117, р-н Митте, ежедневно с 10 до 19 часов, www.nolde-stiftung.de).

Sammlung Berggruen посвящено творчеству Пикассо и его времени (ул. Schloßstraße 1, 14059, р-н Шарлоттенбург, вт.–вс. с 10 до 18 часов). *Sammlung Scharf-Gerstenberg* представляет коллекцию сюрреалистического искусства (ул. Schloßstraße 70, 14059, р-н Шарлоттенбург, вт.–вс. с 10 до 18 часов). *Schloss Charlottenburg* показывает стиль жизни при дворе с эпохи барокко до классицизма (ул. Spandauer Damm 10–22, 14059, р-н Шарлоттенбург, Старый дворец: вт.–вс. с 10 до 18 часов, ноя.–март до 17 часов; Новый флигель: ср.–пн. с 10 до 18 часов, ноя.–март до 17 часов).

Музей *The Kennedys* рассказывает о знаменитом американском политическом клане (пл. Pariser Platz 4a, 10117, р-н Митте, ежедневно с 10 до 18 часов, www.thekennedys.de).

Мемориалы войны, гонений и разделения Германии
В Берлине находятся многочисленные мемориалы жертв преступлений национал-социалистической диктатуры в Германии: *Haus der Wannseekoferenz* (Дом Ванзейской конференции, Am Großen Wannsee 56–58, 14109, р-н Целендорф, ежедневно с 10 до 18 часов, www.ghwk.de),

выстака *Topographie des Terrors* (ул. Niederkirchnerstraße 8, 10963, р-н Кройцберг, ежедневно с 10 до 20 часов), Мемориал *Gedenkstätte Plötzensee*, (Plötzensee, Hüttigpfad, 13627, р-н Шарлоттенбург, открыт март-окт. ежедневно с 9 до 17 часов, ноя.–фев. ежедневно с 9 до 16 часов, www.gedenkstaette-ploetzensee.de). *Gedenkstätte Deutscher Widerstand* рассказывает о неудавшемся покушении на Гитлера в 1944 г. (ул. Stauffenbergstraße 13/14, 10785, р-н Митте, пн.–пт. с 9 до 18 часов, сб.–вс. с 10 до 18 часов, www.gdw-berlin.de). *Deutsch-Russisches Museum* в Берлине-Карлсхорсте показывает материалы, связанные с войной против СССР (ул. Zwieseler Straße 4, 10318, р-н Лихтенберг, вт.–вс. с 10 до 18 часов, www.museum-karlshorst.de).

О попрании закона и слежке в ГДР информируют выставка *Ausstellung «Stasi»* (ул. Zimmerstraße 90/91, 10117, р-н Митте, пн.–сб. с 10 до 18 часов, www.bstu.bund.de), *Stasi-Museum* (бывшая штаб-квартира государственной безопасности, ул. Ruschestraße 103, дом 1, 10365, р-н Лихтенберг, с пн.–пт. с 11 до 18 часов, сб.–вс. с 14 до 18 часов, www.stasimuseum.de) и *Gedenkstätte Berlin-Hohenschönhausen* (бывшая тюрьма предварительного заключения госбезопасности ГДР, ул. Genslerstraße 66, 13055, р-н Лихтенберг, посещение только с экскурсией, пн.–пт. с 11 до 15 часов, сб.–вс. с 10 до 16 часов, www.stiftung-hsh.de).

Западным союзникам посвящен *AlliiertenMuseum* (ул. Clayallee 135, 14195, р-н Целендорф, чт.–вт. с 10 до 18 часов, www.alliiertenmuseum.de).

Об истории разделения Берлина можно узнать, посетив *Gedenkstätte Berliner Mauer* (ул. Bernauer Straße 111 и 119, 13355, р-н Митте, вт.–вс. с 9.30 до 18 часов, апр.–окт. до 19 часов), *Haus am Checkpoint Charlie* (ул. Friedrichstraße 43–45, 10969, р-н Кройцберг, ежедневно с 9 до 22 часов), бывший пограничный пункт *Tränenpalast* (ул. Reichstagufer 17, 10117, р-н Митте, вт.–пт. с 9 до 19 часов, в сб.–вс. с 10 до 18 часов) и мемориал *Erinnerungsstätte Notaufnahmelager Marienfelde* (ул. Marienfelder Allee 66–80, 12277, р-н Темпельхоф, вт.–вс. с 10 до 18 часов, www.notaufnahmelager-berlin.de).

В память холокоста воздвигнут *Denkmal für die ermordeten Juden Europas*, известный как Мемориал жертвам холокоста (ул. Cora-Berliner-Straße 1, 10117, р-н Митте, апр.–сент. вт.–вс. с 10 до 20 часов, окт.–март до 19 часов). *Neue Wache* (ул. Unter den Linden 4, 10117, р-н Митте) является национальным мемориалом жертв войны и диктатуры.

ПРИРОДА

Самым крупным и одновременно одним из самых богатых по разнообразию животных является *Zoologischer Garten* (ул. Budapester Straße 32 и пл. Hardenbergplatz 8, 10787, р-н Митте, ежедневно с 9 до 19 часов, окт.–март

с 9 до 17 часов, www.zoo-berlin.de). В него входит также оставляющий впечатление *аквариум* (ул. Budapester Straße 32, 10787, р-н Митте, ежедневно с 9 до 18 часов, www.aquarium-berlin.de). Обширный *Tierpark Friedrichsfelde* (ул. Am Tierpark 125, 10319, р-н Лихтенберг, ежедневно с 9 до 19 часов, зимой до наступления сумерек, www.tierpark-berlin.de) расположен в бывшем дворцовом парке.

Те, кто любит растения, непременно должны посетить *Botanischer Garten*. Производит впечатление Большая оранжерея, построенная уже более 100 лет назад (пл. Königin-Luise-Platz, 14195, р-н Штеглитц, ежедневно с 9 часов до наступления темноты, www.botanischer-garten-berlin.de).

ПОЛИТИЧЕСКИЙ БЕРЛИН

Посетить здание и купол Рейхстага можно только, записавшись предварительно в экскурсионном бюро Бундестага (внимание, большой список желающих!) или по почте: Platz der Republik 1, 11011 Berlin, по факсу 22 73 00 27 или через Интернет www.bundestag.de . Более подробную информацию можно получить по тел. 22 73 21 52.

Ведомство федерального канцлера доступно для посещения лишь в «дни открытых дверей» – ежегодно два дня в августе (ул. Willy-Brandt-Straße 1, 10557, р-н Митте, www.bundeskanzlerin.de).

Более подробную информацию можно получить в Федеральном пресс-центре (Bundespresseamt, ул. Dorotheenstraße 84, 11044, р-н Митте, тел. 18 27 20).

Указатель достопримечательностей

Адлон см. отель Адлон
Адмиралпаласт 22
Академия Еврейского музея 42
Академия искусств 74
Алекса 8
Александер, дом 8
Александерплатц 8–9, 20, 46, 68
Arena am Ostbahnhof 18
Архив Баухауса 106
Архив Марлен Дитрих 82
Аугустштрассе 36
Аэродром Темпельхоф 102–103

Байсхайм-центр 82
Бергманнштрассе 102
Берлинер ансамбль 22
Берлинская ратуша 58
Берлинский Городской дворец 10
Берлинский Домский собор 10–11, 60, 108
Бернауер штрассе см. Мемориал Берлинская стена
Беролина, дом 8
Бикини-Хаус 28
Брайтшайдплатц 28
Бранденбургские ворота 7, 12–13, 40, 74, 90, 100, 104, 108
Бранденбургские ворота (Потсдам) 80
Брехт-Хаус 16
Бульвар звёзд 82
Бундесрат 84
Бундестаг 86, 90

Ведомство федерального канцлера 5, 86, 88
Ведомство федерального президента 92
Вильгельмштрассе 40, 112–113
Виттенбергплатц 44

Галери Лафайет 22

Galeria Kaufhof 8
Гамбургский вокзал 38
Германский исторический музей 110
Главный вокзал 38–39
Голландский квартал 80
Городской дворец (Потсдам) 80
Государственная библиотека (новая) 50, 52
Государственная библиотека (старая) 110
Государственная опера 108
Гроссер Штерн 100, 104

Дворец Бельвю 92–93, 100
Дворец Глинике 76
Дворец и парк Сансуси 7, 78
Дворец Кёпеник 98–99
Дворец кронпринца 110
Дворец Подевильс 68
Дворец слёз 22
Дворец Цецилиенхоф 78
Дворец Шарлоттенбург 94–97
Дворец Эфраима 68
Дворы Софи-Гипс 36
Дворы Хекманн 66
Детлеф-Роведдер-Хаус 112
Дом еврейской общины 56
Дом мировых культур 106
Драматический театр 32
ДЦ-Банк 74

East-Side-Gallery 18–19
Еврейский музей 5, 42–43
Еврейское кладбище (ул. Гроссе Гамбургер штрассе) 66
Европа-центр 28

Жандарменмаркт 24, 32–33

Зенефельдерплатц 48
Зоологический сад 116–117

KaDeWe 44–45
Камерный зал 50, 52
Карл-Маркс-аллее 46–47
Картинная галерея 50, 52
Кауфхаус дес Вестенс см. KaDeWe
Кафе Кранцлер 54
Квадрига 12
Квартал 205 22
Квартал 206 22
Кинотеатр «Интернациональ» 46
Кинотеатр «Космос» 46
Китайский чайный домик 78
Кладбище в Доротеенштадте 16–17
Клостеркирхе (руина) 68
Кноблаух-Хаус 68
Колонна Победы 100–101, 104
Кольвицплатц 48–49
Конная статуя Великого курфюрста (Фридриха Вильгельма IV) 96
Конная статуя Фридриха Великого 108
Концертный дом см. Драматический театр
Королевская библиотека 108
Кранцлер см. Кафе Кранцлер
Красная ратуша см. Берлинская ратуша
Кудамм см. Курфюрстендамм
Kulturbrauerei 7, 48
Курфюрстендамм 28, 44, 54–55

Лейпцигская площадь 84
Лесная арена 72
Литературное кафе 56

Литфасплац 36
Люстгартен 10, 60

Мавзолей (Шарлоттенбург) 96
Мари-Элизабет-Людерс-Хаус 86
Мартин-Гропиус-Бау 112
Мархайнекеплатц 102
Media-Spree 70
Мемориал Берлинской стены 30–31
Мемориал жертвам холокоста 40–41
Мечеть Сехитлик 102
Министерство иностранных дел 24
Монумент погибшим евреям Европы см. Мемориал жертвам холокоста
Мраморный дворец 78
Музей Берггруен 96
Музей им. Боде 62
Музей Брёана 96
Музей гугенотов 32
Музей европейских культур 64
Музей естествознания 38
Музей искусства Восточной Азии 64
Музей искусства Индии 64
Музей Кете Кольвиц 56
Музей кино и телевидения 82
Музей музыкальных инструментов 50
Музей прикладного искусства 52
Музей прикладного искусства (Кёпеник) 98
Музей современного искусства см. Гамбургский вокзал
Музейный центр Далем 64–65

Немецкий собор 32
Николайкирхе (Берлин) 68
Николайкирхе (Потсдам) 80
Николайфиртель 68–69
Новая вахта 110
Новая национальная галерея 50, 52
Новая оранжерея 78
Новый дворец 78
Новый музей 60
Новый сад 78
Новая синагога 66–67
Новый угол Кранцлер 54

O_2-World см. Arena am Ostbahnhof
Обербаумбрюке 18, 70–71
Ойген-Гутманн-Хаус 74
Олимпийский стадион 72–73
Остров музеев 5, 10, 24, 60–63, 64
Отель Адлон 74

Павлиний остров 7, 76–77
Парижская площадь 12, 74–75
Парк отдыха Марцан см. Сады мира
Парк Сансуси см. Дворец и парк Сансуси
Пауль-Лёбе-Хаус 86
Пергамский музей 62

Пивная Zum Nussbaum 68
Посольства:
– России 110
– США 74
– Франции 74
– Швейцарии 88
Потсдам 7, 78–81
Потсдамская площадь 7, 50, 82–85
Правительственный квартал 5, 86–89, 90, 112
Пратергартен, пивная 48
Пфеферберг 48

Ратуша Кёпеника 98
Рейхстаг 86, 90–91

Сады мира 26–27
Собор св. Ядвиги 108
Собрание Шарфа-Герстенберга 96
Сони-центр 82
Софиенштрассе 34
Софийская церковь 34
Старая национальная галерея 60
Старый музей 60
Старый почтамт 66

Тауенциенштрассе 44
Таунхаусы 24
Театер дес Вестенс 54
Телебашня 8, 20–21, 58, 100

Тиргартен 7, 12, 86, 92, 100, 104–107
Топография террора 112

Университет им. Гумбольдта 110
Унтер-ден-Линден 5, 24, 108–111

Фазаненштрассе 54
Филармония 50
Фонтан Дружбы народов 8
Фонтан «Земной шар» 28
Фонтан Нептун 58
Форум культуры 5, 50–53, 64
Форум Фридерицианум 108
Франкфуртер тор 46
Французский собор 32
Фридрихсвердер 24–25
Фридрихсвердерская церковь 24
Фридрихштадтпалас 22
Фридрихштрассе 5, 14, 22–23

Хакешер маркт 7, 34–37
Хакские дворы 34
Хаус Зоммер 74
Хаус Либерманн (Парижская площадь) 74
Хаус у Чекпойнт Чарли 14
Хаусфогтайплатц 24

Цейхгауз 110
Центрум Юдаикум 66
Церковь Парохиалькирхе 68
Церковь Поминовения императора Вильгельма 28–29
Церковь св. Марии 58–59
Церковь св. Матвея 52
Церковь св. Николая (Берлин) 68
Церковь св. Николая (Потсдам) 80
Цитадель Шпандау 114–115
Цум Нусбаум, см. пивная Zum Nussbaum

Часовня Примирения 30
Часы мирового времени 8
Чекпойнт Чарли 7, 14–15, 22

Шинкельплатц 24
Шлоссбрюке 108, 110
Шлоссплатц 20
Штраусбергплатц 46

Этнологический музей 64

Юнгфернбрюке 24

Якоб-Кайзер-Хаус 88

Указатель художников и архитекторов

Айерман, Эгон 28
Айзенман, Петер 40

Бегас, Рейнгольд 58
Бениш, Гюнтер 74
Беренс, Петер 8
Берндт, Курт 34
Бойс, Йозеф 38
Борнеманн, Фриц 64
Боуман, Филипп Даниэль 92
Браунфельс, Штефан 86

Валлот, Пауль 90
Веземан, Герман Фридрих 58
Вернер, Антон фон 100
Вишниевский, Эдгар 50

Гери, Фрэнк О. 74
Гонтард, Карл фон 32
Гропиус, Вальтер 106
Грубер, Мартин 112
Гутброд, Рольф 52

Динер & Динер 88
Драке, Фридрих 100

Еозандр фон Гёте, Йоганн Фридрих 94

Загебиль, Эрнст 102, 112

Ине, Эрнст фон 62, 110

Кифер, Ансельм 38
Кляйне-Кранебург, Хельмут 92
Кляйхус, Йозеф Пауль 8, 74
Кнобельсдорф, Георг Венцеслаус фон 78, 96, 108
Кноблаух Эдуард 66
Кобб, Генри 22
Кольвиц, Кете 48, 56, 110

Лангерфельт, Рутгер ван 98
Лангханс, Карл Готтгард 12, 58, 96, 108
Ленне, Петер Йозеф 76, 104, 116
Либескинд, Даниэль 42
Линар, Рохус цу 114
Луар, Габриэль 28
Люперц, Маркус 54

Марх, Вернер 72
Мессель, Альфред 62
Мис ван дер Роэ, Людвиг 52
Мур, Рабл, Йюдел (архитекторы) 74

Неринг, Йоганн Арнольд 94, 98
Нувель, Жан 22

Печниг, Хуберт 28
Портзампарк, Кристиан де 74

Раух, Кристиан Даниэль 16, 24, 108
Рашдорф, Юлиус 10

Стаббинс, Хью 106

Унгерс, Освальда Матиас 22
Уорхол, Энди 38

Флавин, Дэн 38
Фостер, Норман 90
Фон Геркан, Марг с партнёрами 38, 72

Франк, Шарлотте 86
Фридрих, Каспар Давид 62

Хензельман, Германн 40, 46
Хентрих, Хельмут 28

Шадов, Йоганн Готфрид 12, 24
Шарун, Ханс 50
Швехтен, Франц 28, 48
Шинкель, Карл Фридрих 10, 12, 16, 24, 32, 60, 62, 76, 80, 110, 114
Шлютер, Андреас 58, 96, 108
Штрайтпарт, Йорг 20
Штрак, Йохан Хайнрих 62, 100
Штюлер, Фридрих Август 16, 52, 60, 66
Шультес, Аксель 86

Эберт, Вильс 64
Эндель, Август 64

Ян, Хельмут 82

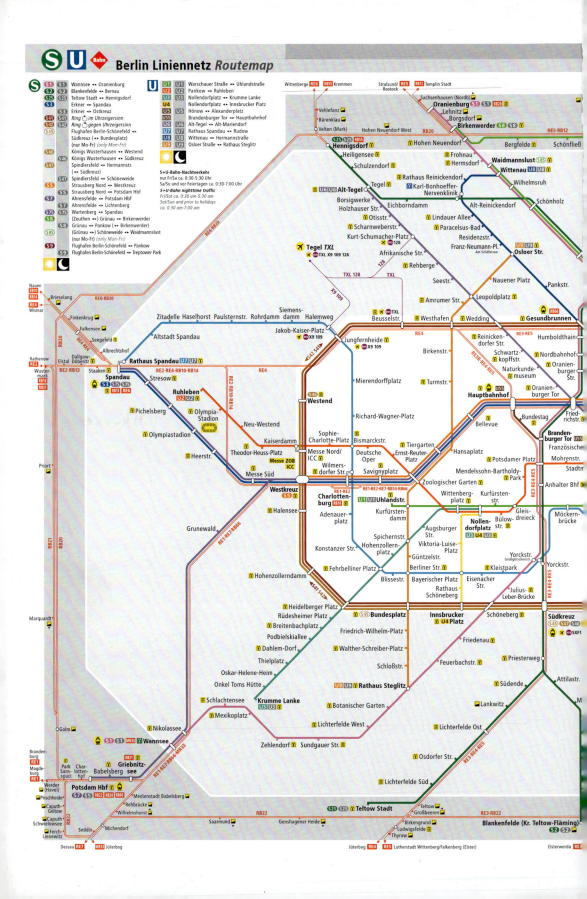